金賞を取るための
QC から
仕事で使うための
QC への転回

ホワイトカラーの生産性向上

市毛 嘉彦

東京図書出版

はじめに

　日本は、ブルーカラーの生産性は高いが、ホワイトカラーの生産性は低いとよくいわれる。その真偽については、生産性の測り方を含めて様々な議論があるが、生産性を上げることの必要性については、誰もが認めるところである。

　戦後、日本企業は、生産性向上のために、アメリカ生まれのQCを競って導入した。その結果、直接部門（製造部門）の生産性は世界のトップレベルとなった。一方、間接部門（管理企画部門）は、相変わらず見劣りするというのが大方の見方である。すなわち、直接部門で生産性を高めたQCが、間接部門では、効果を上げていないということになる。

　QCは、もともと製品の品質不良をなくすための品質管理（Quality Control）から始まり、製造に携わる技能系職場（直接部門）の問題解決（生産性向上）の手法として発展してきた。直接部門の問題は、品質基準に満たない、納期が遅れる等、問題の中身は明確であり、QC手法を身につければ有効な問題解決が可能になる。間接部門でも、定型化された事務、販売、サービス等の業務に携わる作業スタッフは、基本的には直接部門と同じ働き方であるから、その生産性を高めるためには、技能系職場と同様に、手法を中心とした教育を行えばよい。

　ところが、マネージャーを含めた管理企画スタッフの生産性向上には、手法を教育するだけでは不十分である。スタッフを中心とした間接部門には、その働き方に合ったQC教育が必要である。結論から言えば、間接部門でQCを生かすためには、何のためにQCをするのか、すなわち手法ではなく、その目的、理念、難しく言えば思想を伝えること

I

が第一である。従来、QCに関しては、品質管理の専門家による、手法を重点にした解説が多いが、QCが間接部門で役立つには、手法より思想がはるかに重要である。

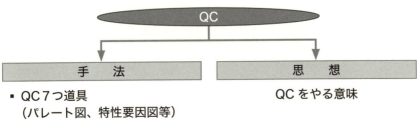

翻って、このところ、QCの人気が芳しくない。日本のQCを学びたいという海外からのオファーも減っているとのことである。QCは形骸化している、衰退しているといわれて久しい。(注1) QCについてよくいわれるのは、「やらされ感」、「仕事では使わない」、「発表のためのQC」等で、QCの関係者なら誰でも感じていることである。同感ではあるが、たとえそうでも、直接部門であれば、サークル活動で職場が活性化し、QC大会で晴れの舞台に立ち、モチベーションアップで生産性向上になるなら、それはそれで、良いことである。優勝するためには、活動ストーリーに重点を置いた演出も必要であろう。

しかし、管理企画スタッフが、これではうまくない。スタッフに必要なのは、問題解決のためのQCで、目的は、改善による生産性の向上で

(注1) 「日本のQCサークルはなぜ衰退したのか」
元青山学院大学大学院教授　吉田耕作　ジョイ・オブ・ワーク推進協会理事長

ある。求められるのは、改善の努力であって、金賞を取るための努力ではない。ワークライフバランスに向けて、生産性を高め時間外を削減しようというときに、発表資料作りで残業では、シャレにならない。QCの全員参加が、スタッフ全員が大会に向けて活動することだとしたら、工数がもったいない。皆、それがわかっているから、実際には、大会参加のための専任グループを作って、一部の者だけが活動するということになる。これでは、形骸化が進んで当然である。

ホワイトカラーの生産性向上は、QC の形式的実行をいかに防ぐかにかかっている。QC は問題解決に役立ち会社業績の向上に貢献すると、納得して取り組むのでなければ、形だけの QC になる。本書が目指すのは、金賞を取るための QC ではなく、仕事で使うための QC である。また、問題解決を実践する上で土台となるのが、仕事の段取り、分析、報告等の基本的な能力である。仕事のレベルアップに必須であり、あわせて参照願いたい。

目次

はじめに 1

1. 問題とは何か 15

1-1. 誰にでも共通する問題はない 16

1-2. 問題かどうかを決めるのは主観 16

1-3. 会社の問題とは生産性を阻害する現象のこと 18

1-3-1. 会社の問題は、質、量、納期、コスト 18

1-3-2. 直接部門・間接部門のプライマリ問題 20

1-4. 問題の性格と取り組みの考え方 21

1-4-1. 工数削減の取り組み 23

1-4-2. 質の問題の捉え方 24

1-4-3. コンプライアンス問題の扱い 25

1-4-4. 問題の優先順位 26

2. 改善について 28

2-1. 改善とは生産性を向上させること 28

2-1-1. 改善には生産性の視点が不可欠 29

2-1-2. 生産性とは経営目線 30

2-1-3. 改善は全社員がやるべき 32

2-2. 仕事とは改善すること 33

2-2-1. 作業と仕事の違い 34

2-2-2. 人間は改善ができる 35

3. QCの思想 37

3-1. 企業が果たすべき役割 37

3-1-1. 近代産業社会のパラダイム 38

3-1-2. 生産性の向上は企業の歴史的使命 39

3-2. 生産性向上の実践がQCの思想 40

3-2-1. 改善は人間の生き方を示す 41

3-2-2. 生産性向上は企業収益のためだけではない 42

3-3. 近代産業社会の光と影 43

3-3-1. 進歩のパラドックス 43

3-3-2. 人類歴史の真の進歩に向けて 45

4. 問題解決の取り組み方 47

4-1. 目的を意識する 47

4-1-1. 手段から目的への掘り下げが必要 48

4-1-2. 目的を掘り下げるほど仕事のレベルは上がる 49

4-1-3. 課題名で目的を示す 50

4-1-4. 課題の発見が必要 51

⑴ 上位方針の作業課題 (手段) を取り上げる

⑵ 上位方針からプライマリ問題 (目標) を導く

⑶ 上位方針のプライマリ問題 (目標) を取り上げる

⑷ 上位方針のプライマリ問題 (目標) をレベルアップ

⑸ 独自にプライマリ問題 (目標) を導く

4-1-5. ミッションが目的になる 55

4-1-6. オペレーションは目的にならない 56

4-1-7. 業務報告と問題解決の報告の違い 56

4-1-8. 問題解決の報告は重い 58

4-1-9. 開発の問題解決は商品性と利益の両立 59

4-2. 結果の良し悪しを見分ける 60

4-2-1. 目的がどうなったかを確認 60

4-2-2. 結果を確認する努力をすべき 61

4-2-3. 結果の確認が困難な場合 62

4-2-4. 途中の手段を確認する例 64

⑴ 例1：研修会の開催

⑵ 例2：コールセンターの設置

⑶ 例3：POSシステムの構築

4-2-5. 結果のヒット例とファール例 66

4-2-6. 結果にコミットすることが大事 68

4-2-7. 数値目標の達成は必要条件 69

5. QCによる問題解決の仕組み 71

5-1. 問題解決の型 71

5-1-1. 発生型問題と開発型問題 72

5-1-2. 問題解決のキーワード 73

5-2. 発生型問題解決法 74

5-2-1. 取り上げた理由 75
- 問題意識から始まる
- テーマの発見が大事

5-2-2. 現状把握 76
- 工場にネズミがいたら問題か？
- 費用対効果を考える
- 発生型の現状把握のキーワードは「だとすれば」
- 間接部門では現状把握が重要
- 現状把握で問題であることのコンセンサスを得る

5-2-3. 問題点 82
- プライマリ問題を引き起こす現象が問題になる
- 問題のスケールを示す

5-2-4. 要因解析 84
- 特性要因図
- 発生の問題と差の問題を見分ける
- 原因とはコントロールできる要因のこと
- 要因解析はプライマリ要因で止める
- プライマリ要因を意識し無駄な要因解析を防ぐ
- 原因の必要条件はプライマリ要因であること

- ●「要因解析」と「現状把握」は逆方向だが手順は同じ
- ● 因果の連鎖を確認

5-2-5. 対策 97

- ● 対策は選択
- ● 対策は要因の言葉の使い方で変わる
- ● 対策の前に因果関係を調べる
- ● SQCを使う意味
- ● 対策の効果を確認する

5-2-6. 結果 103

- ● 会社の問題解決である限り生産性が問題になる
- ● 問題解決の本質的な目的を意識する
- ● 仕事の質も生産性で評価
- ● 成果とは生産性の向上

5-2-7. 標準化 108

- ● 結果の再現性を保証するのがQCの問題解決
- ● プロセス評価も結果が大事

5-3. 開発型問題解決法 111

5-3-1. 目標を立てることが開発型の現状把握 112

- ● 開発型の現状把握のキーワードは「それにより」
- ● プライマリ目標を達成できる行為が目標になる
- ● 開発型の現状把握はプライマリ目標まで遡る

5-3-2. 開発型問題は手段案出で解決 116

- ● 手段案出はプライマリ手段で止める
- ●「手段案出」と「現状把握」は逆方向だが手順は同じ
- ● 開発型も因果の連鎖を確認

6. 問題へのアプローチ 121

6-1. 発生型と開発型の選択 122

6-1-1. 現象の言葉と行為の言葉を区別する 123

6-1-2. キーワードを正しく使う 124

6-1-3. 現状把握で対策の目星をつける 126

6-2. 目的は問題の解決 127

6-2-1. 成功例をベンチマークする 128

6-2-2. 事例から学ぶ 129

6-2-3. 結果を確かめることを優先 130

6-2-4. 目的を達成できれば対策はOK 131

6-2-5. 大事なのは型ではなくスピーディーな問題解決 133

6-3. QCで議論すべき領域 134

6-3-1. プライマリ問題をさらに遡るとどうなるか? 135

6-3-2. プライマリ目標をさらに遡るとどうなるか? 136

6-3-3. QCで議論する領域は限られる 137

6-4. 問題解決演習 138

6-4-1. 回答例「発生型のアプローチ」 139

6-4-2. 回答例「開発型のアプローチ」 141

6-4-3. 問題解決報告のチェックポイント 143

6-4-4. 問題解決報告の詳細評価 148

7. 人事制度のあり方 ……149

7-1. 改善能力が評価基準になる ……149

7-1-1. 改善してこそ高い評価 ……151

7-1-2. 能力開発は改善能力に焦点を当てる ……151

7-1-3. 何を改善したかが重要 ……153

7-2. 仕事そのものが改善であるべき ……154

7-2-1. ホワイトカラーの働きには改善が必須 ……155

7-2-2. 意識と能力が問われる ……155

7-2-3. 問題は自分の仕事で見つける ……156

7-3. 問題解決はOJTで教えるべき ……158

7-3-1. 肝は目的の問いかけと結果のフォロー ……159

7-3-2. 目的にこだわる ……160

7-3-3. 仕事の真贋を見分ける目を養う ……161

8. QCの現状と課題 ……162

8-1. QC＝サークル活動という誤解 ……162

8-1-1. QCの衰退とは ……163

8-1-2. 形式的実行を助長 ……164

8-2. QCの原点回帰が必要 ……165

8-2-1. 科学的アプローチで生産性を高めるのがQC ……166

8-2-2. 全員を戦力にするのがQC 167

8-2-3. 最後はポリシー 168

9. 仕事のOSについて 170

9-1. 段取り能力 171

9-1-1. 仕事の逆算と推進 172

(1) 仕事の逆算

(2) 仕事の推進

9-1-2. 仕事の分解と割り付け 174

(1) 仕事の分解

(2) 仕事の割り付け

9-2. 分析能力 176

9-2-1. 相関関係があっても因果関係があるとは限らない ... 177

9-2-2. 因果関係とは因果判断ができること 179

9-2-3. 共通点が原因と思う誤解 180

9-2-4. 因果関係の証明には実験が必要 182

9-2-5. 因果関係の究極の証明は実験 185

9-2-6. 実験しない限り因果関係は仮説 186

9-2-7. 因果関係が証明されるときは実験の形 188

9-2-8. 因果関係とプロセス関係 190

9-2-9. メカニズムの研究は予測できるなら意味がある 191

9-2-10. 指標、要因、原因を区別する 192

9-2-11. QCによる問題解決は因果関係の追求 194

9-3. 報告能力 195

9-3-1. 幹 196

9-3-2. 型 (パターン) 198
⑴ 報告パターン
⑵ 決裁パターン

9-3-3. 層別 201
⑴ カテゴリー
⑵ ランク
⑶ パラレル
⑷ 対称性 (シンメトリー)
⑸ 一貫性 (コヒーレンス)
⑹ 有効性 (エフィシェンシー)

9-3-4. 図化 207

9-3-5. 「わからせる」とは「その気にさせる」こと 208

9-4. 意思決定のスピードアップを目指せ 209

9-4-1. 意思決定のスピードアップに必要なこと 209
⑴ 問題についての共通認識を持つ
⑵ 判断を標準化する

9-4-2. パラメータの絞り込みがリーダーの能力 211

9-4-3. 正解のない問題はリーダーが決断すべき 211

おわりに 213

巻末資料 215

1. 問題とは何か

　会社の中で問題解決というと、QC を使ってということが広く行われている。社員教育の中で、QC 手法、QC ストーリーを勉強させる会社は多い。会社員ならどこかで一度は勉強したであろうし、勉強はしなくても言葉は知っているという人は多いと思う。

　QC 教育では、QC 7 つ道具や QC ストーリーに沿った現状把握、要因解析等の手法を教えるのが一般的である。研修の受講者は QC 手法について学んだ後、自分の職場の問題解決を実践し結果を発表するというのが標準的なパターンである。

　ところがこのような研修を受けた受講者の問題解決の発表事例を見ると、特に事務技術系職場のスタッフに、的外れな事例が多い。例えば、改善の報告として、「マニュアルを作りました」、「仕組みを作りました」というような発表が見られる。これらは何か改善したように見えるが、実は単に改善の手段を報告したに過ぎない。改善の目的が達成されたかどうかは不明である。QC 手法は学んだが、問題とは何か、改善とは何か、手段と目的の違いを理解していないと、このような発表になってしまう。このことをわかっていないマネージャーも多い。

　効率化を進めようと、○○活動や××運動と称して膨大な工数をかける企業は多いが、相変わらず時間外が多く人も減らず、結局、お祭りで終わるのは、問題とは何かの認識がなく、改善の手段と目的を取り違えているからである。何が問題かがわからなければ、問題解決も何もあったものではない。それがわかれば、問題解決の取り組みは、8 割方、終わったようなものである。

問題解決の手法、方法論については、QCの解説を含めて、たくさんの本が出回っているが、肝心の、「問題とは何か」を教える本が見当たらない。「あるべき姿と現状とのギャップが問題である」という言い方があるが、これは、「問題がない姿と現状とのギャップが問題である」と言うのと同じで、問題の説明になっていない。「問題とは何か」を真に理解することが、QCの思想を理解することでもある。

1-1. 誰にでも共通する問題はない

　我々は生きている限り様々な問題にぶつかる。地球温暖化問題、エネルギー問題、中東問題等の世界的な問題から始まって、少子高齢化、尖閣諸島、消費税等の日本の問題、売上、人件費、品質等の会社の問題、そして親の介護、子の教育、夫婦仲等、個人の問題まで、世の中には様々な問題が溢れている。

　ところがこれらの問題をよく見ると、ある人にとっては問題だが、別の人にとっては問題ではないということがわかる。地球温暖化は誰にとっても問題だと思うかもしれないが、重病で明日にも亡くなりそうな人にとっては問題ではない。尖閣諸島の問題も日本人には問題だがイギリス人には問題にはならない。会社の問題、個人の問題も、自分に関係することなら問題だが、そうでなければ問題にはならない。すなわち様々な問題はあるものの、誰にでも共通する普遍的な問題というものはない。

1-2. 問題かどうかを決めるのは主観

　地球の大気温度が上昇しているという現象が観察されている。この現

16

象は、人間にも、動物にも、植物にも、同じように知覚され普遍的である。しかし、これを地球温暖化という問題にするかどうかは、あくまでも人間の主観による判断である。植物にとっては、大気温度の上昇は望ましいことであり、問題ではないかもしれない。

　雪が降らないという現象に対して、スキー場の経営者は問題と判断するが、ゴルフ場の経営者にとっては問題ではなく、むしろ歓迎すべき現象である。冬場も客が来てくれる。

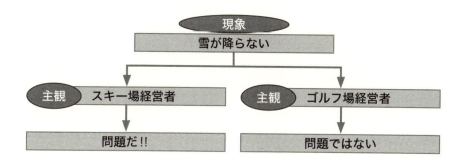

　我々の目の前にあるのは問題ではなく現象である。現象そのものは誰にでも同じように知覚されるから普遍的である。ところが、ある現象を問題とするかどうかは人間の主観の判断による。我々の主観が、ある現象を問題とするかどうかを決めている。言い換えると、問題は、初めから普遍的に存在するのではなく、我々の主観が、ある現象を問題と判断することで顕れる。なお、現象を知覚する時点で、すでに主観が働いているが、ここでは深入りしない。

　哲学者ハイデガーは、普遍的な存在というものは無く、存在は主観によって変わるという。机は、学生にとっては机だが、家具屋にとっては商品、遊んでいる子供には踏み台、風呂屋にとっては焚き木になる。机

が、主観によって、商品、踏み台、焚き木……という存在に変わる。問題も同様である。ある現象が問題であるかどうかを決めるのは主観であり、主観を明確にしなければ、何が問題かが決まらない。

1-3. 会社の問題とは生産性を阻害する現象のこと

会社の問題解決に取り組むなら、会社の問題とは何かがわからなければならない。そのためには会社の主観を知ることが必要である。では、会社の主観とは何か。答えは、生産性である。生産性は、投入量（労働、資本、原料等）に対する産出量（生産量、生産額、付加価値等）の割合として示される。普通は、それ以上に意識することはないが、会社の中では非常に重要な概念である。

会社は、生産性を判断基準にして、ある現象が問題かどうかを判断する。会社の問題とは、生産性を阻害する現象のことである。そのような判断ができない会社は、生産性が低く、儲からない会社であることは言うまでもない。

1-3-1. 会社の問題は、質、量、納期、コスト

会社では、ある現象が生産性に影響するかどうかが、問題かどうかの分かれ目になる。具体的には、①質、②量、③納期、④コストの４つに関わる現象が問題となる。質が悪いこと、必要な量を作れないこと、納期を守れないこと、コストが高いこと、これらはすべて生産性に影響し利益の減少につながる。この問題の捉え方は、会社である限り、全世界共通である。

生産性には、質も含まれている。効率化と仕事の質を高めることは別

1. 問題とは何か

と思っている人がいるが、どちらも生産性を高めるということでは同じである。製品の質で、お客に迷惑を掛けなくなれば生産性の向上である。同様に、作業ミスや、やり直し等を減らして、後工程に迷惑を掛けなくなれば、仕事の質の向上であり、生産性の向上である。

　会社にとって、問題とは、特別に重い言葉であり、それは生産性と不可分である。本来、「問題」あるいは「問題点」という言葉は、会社の中で、気軽に使える言葉ではない。問題という言葉が発せられたとき、本当に問題かどうかは、調べてみないとわからない。社員食堂の料理がうまくないというのは、それだけでは、問題かどうかわからない。料理がまずいことで、社員のモチベーションが下がり、生産性に影響しているなら問題になる。日常、会社の中で使われている「問題点」のほとんどは、「気になる点」であって、真の問題ではない場合が多い。問題かどうかが不明な時点では、正しくは、「現状認識」という言い方にすべきである。

　問題解決に取り組むなら、問題という言葉の意味の重さを知らねばならない。そこで、会社の問題解決では、①質、②量、③納期、④コストの問題を「プライマリ（根本）問題」と呼び、他の様々な問題と区別する。要は、経営目線の問題である。

　働き方改革が叫ばれる中、生産性の議論が盛んに行われている。日本経済の再生、持続的成長のためにも、生産性の向上が不可欠という。しかし、生産性向上をいくら唱えても、生産性を高めるとはどういうことか、付加価値を生むとはどういうことかを、プライマリ問題のレベルで、具体的に示さないと、念仏に終わってしまう。

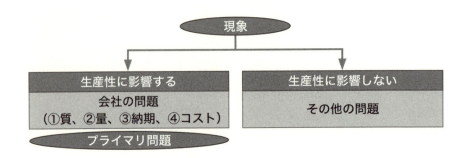

1-3-2. 直接部門・間接部門のプライマリ問題

　①質、②量、③納期、④コストの４つのプライマリ問題を、直接部門（技能系）の問題と間接部門（事務技術系）の問題に分けて具体的に示すと以下のようになる。

〈プライマリ問題〉

	直接部門（技能系）の問題	間接部門（事務技術系）の問題
質	加工精度不良、組み付け不良等	ミスによる金銭的損失、迷惑を掛ける等
量	欠品、作り過ぎ	ー
納期	期限に遅れる	
コスト	原価が高い　①購入価格、②労務費（工数×賃率）	

　①質の問題は、直接部門では、機械加工の精度不良、組み付け不良、

塗装のムラ、溶接割れ等で、その姿は明確である。QCが製造現場の品質問題をなくすために始まったように、この問題はわかりやすい。一方、間接部門では、ミスによる金銭的損失、信用の喪失、お客や後工程に迷惑を掛ける等が、質の問題として取り上げられる。

②量の問題は、直接部門では、欠品か作り過ぎのいずれかになる。一方、間接部門では、通常、直接部門のような量の問題はない。

③納期については、直接部門も間接部門も同じで、アウトプットの期限（納期）に遅れることである。

④コストも、両部門に共通で、単純に原価が高いことである。その要因は、外部からの購入価格が高いか、内部の労務費が高いかのいずれかになる。そして労務費が高いのは、工数が多いか、賃率が高いかのいずれかになる。

企業における問題は、最終的には、①質、②量、③納期、④コストのどれかで示されねばならない。そうでなければ問題の捉え方を誤っていることになる。

バッターボックスに立ち、チャレンジすることは大事だが、ストライクとボールの違いを見分けられなければ、勝負にならない。まず必要なのは、何が問題かを見分けることである。プライマリとは、問題解決のストライクゾーンである。

1-4. 問題の性格と取り組みの考え方

同じプライマリ問題でも、質、量、納期とコストでは、その性格が異なり、取り組みの考え方が違ってくる。

車の生産で考えてみると、質の問題は、1個不良品があると生産できない。量の問題は、1個足りないと生産できない。納期の問題は、1個

21

遅れると生産できない。このように、質、量、納期の問題は、致命的であり、即対応しなければならない問題といえる。これらは、その大きさにかかわらず取り組むべきで、いわば絶対評価で発生ゼロにすべき問題である。

　これに対して、コストの問題は、究極の目標はゼロであるが、それはあり得ない。様々なコストの問題があるときは、どれに取り組むか評価してから取り組む必要がある。すなわち、コストは相対評価すべき問題である。コストをネズミに例えれば、大きなネズミから小さなネズミまで、様々な大きさがある。大きなネズミを捕まえずに小さなネズミを捕まえるなら、なぜ小さいほうを捕まえるのか説明すべきである。他のネズミに比べて弱っているから捕まえ易いと判断した等の理由がいる。

　QC活動を優先するあまり、捕まえ易いネズミばかり追いかけるようでは、活動の主旨に反する。問題解決の研修で選ぶテーマも、やり易く簡単で大きな効果が出るというならよいが、他のテーマに取り組むのが大変だからという理由で選ぶのでは、それこそ研修のための研修になってしまう。改善は、成り行きではなく、意志を持って取り組まねばならない。

〈問題の性格と取り組みの考え方〉

	問題の性格		取り組みの考え方
質	1個不良でも生産できない	○か×	大きさにかかわらず 取り組むべき（絶対評価）
量	1個不足でも生産できない		
納期	1個遅れても生産できない		
コスト	究極の目標はゼロ	△あり	大きさを比較して 取り組むべき（相対評価）

1. 問題とは何か

1-4-1. 工数削減の取り組み

　工数削減の場合、一番工数が多い作業から取り組むのが基本であるが、以下のような作業なら、削減に取り組む理由になる。

　　①工数は少ないが、単純作業であり、なくしたい
　　②他の作業に比べて、改善が容易で効果が大きい
　　③自分の工数ではなく、相手（お客様）の工数を削減できる

相手の工数削減は、相手の数が多いほど効果は大きくなるので、取り組むべきである。

　リードタイム（手待ち時間）は、時間に関係しており工数と似ているが、全く付加価値を生まない時間である。その削減は、工数削減より優先度が高い。コストの原単位を下げるという視点も重要である。1個当たり、一人当たり等、原単位に焦点を当てて問題解決に取り組むことは、優先度の高い課題になる。

　工数削減は、効率化と称して、事務技術系の改善テーマに多い。開発部門では、CAE[注1] の使用工数の削減のようなテーマも見られる。しかし、CAE は道具であり、大事なのは、その使用時間より、設計品質の向上や実験、試作等の費用削減である。料理人が優先すべきことは、包丁の使用時間の削減ではなく、うまい料理を作ることである。何が重要なのかを考えて、改善に取り組んでもらいたい。

　また、工数削減は、部分最適ではなく、全体最適が求められる。自分

[注1] **Computer Aided Engineering**
　　コンピュータ技術を活用して、設計、製造等の事前検討を行うこと。

の工数を減らして相手の工数を増やす、いわゆる工数の付け替えや、自部署の工数を減らす施策が全社の効率低下になってはうまくない。

　財務や法務等の専門部署では、伝票や契約書等の作成に関する職場からの問い合わせへの対応工数を減らすというテーマがよくある。その対策は、マニュアルや解説書を作るのが定番である。各部がそれを見てできるのは理想だが、素人が勉強しながら、専門外の、めったにない仕事をするのは、時間はかかるし、誤りもする。専門部署に相談しながら進めるほうが、効率的である。優先すべきは、誤りのない伝票や契約書を早く作ることで、専門部署の工数削減ではない。全体最適であれば、対策は、マニュアルや解説書作りだけではない。それらの作成、メンテナンスにかかる工数を考えたら、問い合わせに対応できる体制を作ることも検討すべきである。

1-4-2. 質の問題の捉え方

　開発や製造部門の質の問題は、製品の品質不良で、お客に迷惑を掛けることであり、わかり易い。一方、事務部門では、どう捉えるかだが、ミスや、やり直し等で、後工程に迷惑を掛けることであると考えるとわかり易い。

　ここで重要なのは、ミスや、やり直しではなく、迷惑を掛けているかどうかである。後工程で、苦情、不満がある、納期が遅れている等の問題が、起きているかどうかである。迷惑を掛けていないなら、ミスや、やり直しをなくすこと自体は、質の向上にはならない。やり直しで工数がかかっているというなら、それは、質の問題ではなく、コストの問題である。

　設計の計算精度を高めることは、設計の仕事の質向上のように見える

が、そうなるかどうかは、後工程の生産技術や製造等に迷惑を掛けなくなるかどうかである。そうならなければ、精度を高めること自体は、設計の自己満足であって、質の向上とはいえない。質も量も納期も、問題は、約束を守れないことから生じる。仕事の質は、この視点で評価しなければならない。

　仕事の質の問題に取り組むなら、後工程やお客に迷惑を掛けているか、掛ける可能性があるか、確認してから進めるべきである。それがないと、せっかくの取り組みが、質とは無関係な結果となり、工数を無駄にすることになりかねない。

1-4-3. コンプライアンス問題の扱い

　会社であれば生産性が問題になるが、その例外が、法令順守や安全、環境、倫理等のコンプライアンスに関係する問題（コンプラ問題）である。これらの問題は、生産性の議論以前に、どんなに費用がかかろうと生産性を落とそうと、解決しなければならない。解決しなければ企業活動を継続できなくなる。

　コンプラ問題には、生産性の議論は不要で、本来、問題解決のテーマにはならない。しかし、視点を変えれば、テーマにすることも可能である。

「安全のための仕組み作り」では問題解決のテーマにならないが、「安全のための仕組み作りの工数削減」ならテーマになる。また、安全成績（休業度数率等）の向上は、生産性の向上（生産のロスを防ぐ）になるというコンセンサスに基づくならば、「安全のための仕組み作りによる安全成績の向上」が、テーマになる。自分の仕事のミッションが「安全」であるなら、このテーマにすべきである。

いずれにしろ、問題解決を目指すなら、課題名を、「安全のための仕組み作り」だけにしてはならない。ミッション、目的を意識して、テーマを考えることが大事である。

1-4-4. 問題の優先順位

解決すべき問題に優先順位をつけるならば、最優先は、コンプラ問題である。これは、生産性の問題ではないが、優先度としては、番外で最重要である。後は、質、量、納期、最後が、コストの順番になる。コンプラ、そして、質、量、納期の改善なら、誰も反対しない。これらは、コストをかけても改善しなければならない。

一方、コスト（工数、費用等）の問題は、優先度が低い。コストの問題に取り組むなら、他の問題と比べて、なぜそれが重要なのかを示さねばならない。さらに、そのコストと他のコストとの大きさの比較も必要になる。特に、間接部門の場合、工数の削減によるコスト減は、それが本当に重要な問題なのか、よく考えてから取り組むべきである。工数削減は、直接部門なら、製造原価の低減に直結するため、大きな意味を持つが、通常、間接部門では、それだけの重さはない。間接部門では、工数削減より、ミスや遅れをなくすことのほうがはるかに重要である。それらをなくすためには、工数をかけることも必要になる。間接部門の工数削減は、コンプラ問題（労働時間管理）でない限り、他の重要な問題を解決した後に取り組むものと思ったほうがよい。

工数削減は、優先度が低いにもかかわらず、いざ取り組むとなると簡単ではない。まず、当該工数の範囲を明確にする必要がある。やり直しの工数削減なら、対象（本人、グループ、プロジェクト等）と期間を明らかにした上で、それを削減することの重要性をアピールしなければな

らない。そこで、工数の代わりに、やり直し防止という仕事の質向上を目的にすれば、現状把握では、どのようなやり直しがあるかを調べればよく、測定が楽になる。結果も、やり直しがなくなったかを確認するだけで、工数より簡単である。やり直し防止も工数削減も、対策は同じである。工数削減は、やり直しがなくなったことによる副次効果として、最後に触れればよい。

　もちろん、この優先順位は原則であって、質よりも、量あるいはコストを優先するかどうかは、経営判断である。フォルクスワーゲンは、その判断を誤った。言葉は悪いが、優先順位の判断をつきつめれば、「儲かるか」、「捕まらないか」の二つである。

　なお、優先順位には、問題を発見したとき、直ぐにその問題を解決すべきか、同様の問題が起きてないか調査すべきか、という選択がある。いわゆる横展開の優先順位である。問題によっては、モグラ叩きにならないように、対策より先に、調査を優先することもあり得る。広い視野で判断してもらいたい。

〈問題の優先順位〉

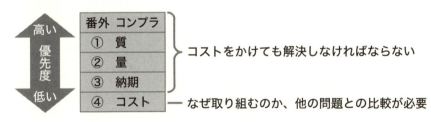

2. 改善について

　改善、カイゼン、KAIZEN は、トヨタ自動車が広めた世界用語だが、サークル活動で取り組む小さな問題解決というイメージが強い。しかし、改善は、日常業務の様々な効率化、無駄をなくすことから始まって、構造改革、技術革新、新商品開発、新市場開拓、新規事業立ち上げ等による収益向上も改善である。生産性を高めるという意味では、改善は、一般に考えられるより、はるかに大規模かつ創造的な活動を含んでいる。

　経営評論家の中には、「もはや改善は通用しない。必要なのは、イノベーション、ブレークスルー、価値創造であり、質、量、納期、コストではない」などという人もいるが、これは、改善の捉え方が浅いことによる謬見である。

　イノベーションも含めて改善である。ブレークスルー、価値創造、改革等、言葉は何でもかまわないが、企業活動である限り、その結果は、結局、収益が高まったか、質、量、納期、コストでアドバンテージを得られたか、生産性が向上したかで評価される。

　アップルもグーグルも、やっていることは改善である。これからも、改善の重要性が変わることはない。

2-1. 改善とは生産性を向上させること

　改善とは「問題を発見し解決すること」といわれるが、その意味を真に理解している人は少ない。それは、問題とは何かを理解している人が

少ないからである。

　間接部門の職場で問題というと、マニュアルがない、ファイリングが悪い、コミュニケーションが良くない等、どこでも同じような答えが返ってくる。そして改善と称して、マニュアルを作る、ファイリングする、コミュニケーションを良くするということになる。

　しかし、これらは、改善の手段であって、改善になっているかどうかは、調べてみないとわからない。

　改善とは生産性を向上させることである。そうならなければ、何をやっても改善にはならない。

2-1-1. 改善には生産性の視点が不可欠

　あるべき姿と現状とのギャップが問題だとすると、あるべき姿が、「マニュアルがあること」ならば、ギャップ「マニュアルがないこと」が問題になる。そして、問題解決とは、マニュアルを作ることになる。それで生産性が上がればよいが、上がらなければ、無駄な作業になる。

　あるべき姿が、「マニュアルがあること」と考えるのは、改善の手段を考えていることになる。これには、生産性の視点がない。あるべき姿は、手段ではなく、目的、すなわち、クレーム減やコスト減等の生産性の向上でなければならない。

　QCサークルで、部内の煩雑な手続きをマニュアル化して誰でもできるようにするという取り組みがよくある。しかし、年1回あるかないかの手続きならば、マニュアルを作るより、その手続きの担当を置くほうが効率的である。部長以下全員がマニュアルを見ながら勉強して手続きするのでは、かえって時間の無駄である。庶務の工数が下がっても、部長がその何倍もかけてやるようでは、改善ではない。

改善には、生産性の視点が不可欠である。サークル活動を目的としたQCの形式的実行では、真の問題解決にはならない。本当に改善になっているのか、生産性の視点からの評価が必要である。

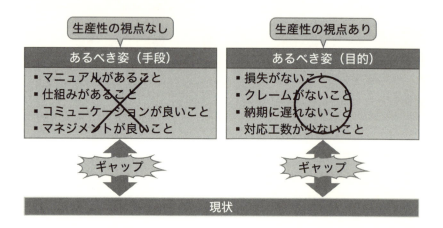

2-1-2. 生産性とは経営目線

　あるべき姿は、人によって様々である。あるべき姿というだけで、生産性を問わないと、会社の中で、問題の捉え方が、ばらばらになる。これでは、何を基準に仕事をすればよいかわからず、仕事をする・しないの判断が、個人の価値観に左右されてしまう。仕事が、生産性と無関係な判断基準で行われては、生産性の向上など望むべくもない。
　あるべき姿と現状とのギャップがプライマリ問題でなければ、それを解決しても、改善にはならない。このギャップを問題にするなら、あるべき生産性の姿と現状とのギャップでなければならない。
　生産性から問題を捉えることは、改善の基本である。マニュアルがない、仕組みがないというだけでは、それがなぜ問題なのか、わからな

い。それでどのような生産性の問題が起きているのか、質、量、納期、コストまで掘り下げて示すべきである。

　問題解決の協力を得るためには、問題であることを、第三者にわかってもらわねばならない。これは、むしろ対策より重要である。役員等、専門外の人に、会社として、その問題を解決すべきと、理解してもらう必要がある。生産性という会社の共通言語、すなわち経営目線で説明すれば、役員をはじめとした関係者の協力を得られ、リソーセスや予算も獲得し易くなる。

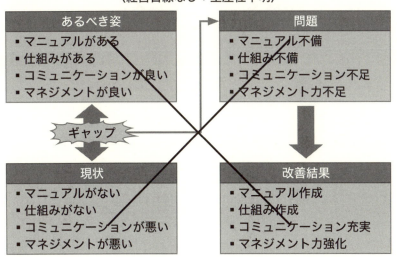

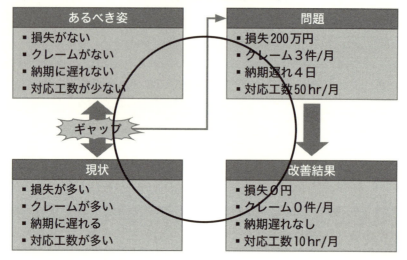

2-1-3. 改善は全社員がやるべき

　QCを勉強しても、研修で使って終わりで、仕事で生かしている人は少ない。たまに、サークル活動の発表で使うくらいで、これでは、せっかく勉強しても、宝の持ち腐れである。

　言うまでもなく、QCは、サークル活動のためではない。仕事で使うためである。ただし、使うとは、QC七つ道具や要因解析等の手法を使うということではない。問題を発見し、改善によって、どのような生産性の向上があったかを報告することである。要は、仕事で生産性を意識するということである。仕事でQCを生かすなら、発表用のやり易いテーマではなく、自分がやるべき重要テーマに取り組むべきで、テーマを発見できたら、それだけでも、QCを勉強した価値がある。

　改善は、サークル活動に参加する一部の社員だけのものではない。全

2．改善について

社員が、各自の業務の中で、常にやり続けるものである。管理職や役員を含め、全員が、改善を意識し実践してこそ、圧倒的な生産性向上を実現できる。

QC大会は、一般社員の小改善だけでなく、生産性という観点から、部が成し遂げた大改善を発表してもらう場であってもよい。問題解決のレベルをクラス分けし、幹部社員も発表すれば、大会も盛り上がるだろう。仕事で改善に取り組んでいれば、誰でも発表できるはずである。また、会社の問題解決であれば、組織や担当が変わっても報告できなければならない。担当者がいなければ上司が報告すべきである。役員会で、担当者がいないから報告できないという部長がいたら論外であろう。

2-2. 仕事とは改善すること

改善とは、ムダをなくし生産性を高めることで、仕事とムダの見極めが重要といわれる。付加価値を生むのが仕事、生まないのがムダということだが、厳密に言えば、付加価値を生むだけでは仕事とは言えない。付加価値を生んでも増やさない、すなわち改善がないなら、仕事ではなく、作業になる。

作業といわれると、気を悪くする人がいるかもしれないが、作業が悪いわけではない。特に、直接部門の作業は、たとえ改善はなくても、ダイレクトに付加価値を生んでおり、会社に貢献している。

仕事とは、改善し、生産性を高め、付加価値を増やすことでなければならない。厳しい言い方をすると、改善がなければ仕事をしたことにはならない。どんなに難しくても量が多くても、今までと同じ業務を、同じやり方、同じ時間で行っているなら、それは作業と呼ばれることになる。

33

ムダ	作業		仕事
付加価値を生まない（生産性なし）	付加価値を生む（生産性不変）	改善	付加価値を増やす（生産性向上）

2-2-1. 作業と仕事の違い

　心臓外科の先生が、マニュアル通りに難しい手術を行っても、何の改善もない、すなわち付加価値を増やさないなら、それは仕事ではなく、心臓外科の作業になる。手術という高度なサービスを提供し大きな付加価値を生み出す作業ではあるが、増やしていなければ仕事とは呼べなくなる。

　一方、封筒貼りをしているパートさんが、毎日いろいろな改善をして時間当たりの封筒作成枚数を増やしたとすれば、それは封筒貼りの作業ではなく仕事をしていることになる。手術と比べて生み出す付加価値は小さいが、付加価値を増やしているということでは、作業ではなく仕事になっている。

　改善の意味をわかってもらうために、敢えて、作業と仕事を厳密に分けた。この違いに、難しさは関係しない。どのような業務に携わろうと、改善を心がけることが、仕事をしていることの証しである。改善は、資格、役職にかかわらず、それぞれの立場で取り組むべきもので、専門がオペレーションであっても、仕事である限り改善は必須である。

　作業と仕事の違いは、付加価値を生んでいるだけでなく、増やしているかどうかである。新たな仕事の立ち上げで改善したが、そこでエネルギーを使い果たし、後は、運用という作業に終始しているケースは多い。運用が軌道に乗ったら、早く、運用を仕組み化し、さらに改善へと進むべきである。立ち上げ、運用、仕組み化、そして改善へと、常に仕

2. 改善について

事になるように取り組んでもらいたい。

2-2-2. 人間は改善ができる

　近年、人工知能（AI）が急速に発達し、将来、AIが人間の雇用を奪うのではないかという心配が、現実味を帯びてきている。すでに製造ラインには、ロボットが導入され、人間と同じように作業をしている。バッティングロボットは、打率10割である。人間は、知覚、判断、動作スピード、精度において、ロボットに到底かなわない。将棋、そして囲碁のプロまで、コンピュータにかなわなくなってきている。無人運転の完成も時間の問題であろう。過去のデータに基づいて最適解を導くことは、AIが最も得意とするところである。いずれは、ホワイトカラーの仕事も、かなりの部分がAIに置き換えられるといわれている。

　AIが人間にとって代わるという、いわゆる第四次産業革命[注1]を目の前にして、人間は、改めて、その生き方を問われることになる。言い換えると、AIと人間の違いは何かということである。これについては、様々な議論がなされているが、違いを一つ挙げるとすれば、改善ができるかどうかである。AIは、作業（付加価値を生むこと）はできるが、改善はできない。人間は、改善によって、付加価値を増やすこと、生産性の向上ができる。

　AIに職を奪われるかどうかは、職種や難しさではなく、改善があるかどうかである。どれほど難しくても、作業であれば、AIは学習し、

[注1]　第四次産業革命
　　　　IoT（モノのインターネット）、AI（人工知能）を駆使したモノづくりの高度化。必然的に、人間の作業が介在する余地がなくなってくる。

35

同じことができるようになる。業務の実行だけなら AI に代わられてしまう。しかし、AI が実行している業務を分析し、効率化する仕事なら、AI に代わられることはない。AI の最適な使い方を考え、生産性を高める改善は、人間の仕事として残る。

　いずれにしても、人間はうかうかしていられない。AI が改善するようになったらどうなるか。人間にとっては悪夢である。

3. QCの思想

　生産性に影響する現象が問題だとしたが、なぜそれほど生産性が重要なのか。結論から言えば、企業が存続するために不可欠な条件が生産性の向上だからである。

　生産性という言葉は、会社の中では、当たり前のように使われているため、かえって意識することは少ないが、改めて、その意味を掘り下げてみる。

3-1. 企業が果たすべき役割

　我々の生活が企業によって支えられていることは言うまでもない。企業の役割については様々な見方があるが、突き詰めると、①物資、サービスの供給、②雇用の維持、創出、③投資、納税による資金循環の三つに集約される。

　必要な生活物資、サービスの供給は企業によってなされるから、①物資、サービスの供給は当然である。また我々が働く場所は、企業の存続によって確保されるから、②雇用の維持、創出も重要である。そして企業には、利益を社会に還元し経済を回す、③投資、納税による資金循環という大事な役割がある。

　今の社会でこの役割を果たせるのは企業をおいて他になく、企業を存

続させることは我々の生活を守ることでもある。昨今、企業の CSR^(注1) が問われているが、まずは、この三つの役割を果たすべきで、それができないなら、他の CSR を果たすこともできなくなる。

そのために、企業は、収益を上げなければならない。収益は、目的ではないが手段ではある。その意味では、生産性向上も手段である。重要なのは、生産性を向上させ、安定的に収益を増やすことである。コンプライアンスや顧客の利益に反する手段では、長続きはしない。社会貢献には、いろいろな形があるが、企業で働く者は、事業の経済性と社会性の両立を図りながら、生産性を向上させることが、世の中に対する最大の貢献といえる。

3-1-1. 近代産業社会のパラダイム

企業が存続することは大事だが簡単ではない。今までと同じことを繰り返すだけでは生き残れない。そのわけは、我々の社会を成り立たせている基本的な価値観（パラダイム）にある。

人類の歴史を大きく見ると、原始共産制から始まり、古代奴隷制、中世封建制を経て、今は近代民主制といわれている。我々は近代民主制によって発展した近代産業社会に住んでいる。世界の人口は、古代奴隷制の時代、5000万人とも1億人ともいわれているが、産業革命以降、近代産業社会に入って急激に増大し、現在は70億人を突破している。このような大幅な人口増加を可能にしたのは、それだけの人口を養える生活物資を供給できるまで生産力を高めたからで、そのベースになったの

---

^(注1) **CSR: Corporate Social Responsibility**
企業の社会的責任。

が、近代産業社会を特徴づけるキーワード「進歩、成長」である。

近代以前でも、我々の祖先は、狩猟や農耕を工夫し、改善を進めてはきた。しかし、社会のパラダイムは、「保守、現状維持」であり、生産力の増大はわずかであった。ところが、近代産業社会は、産業革命を境に、「進歩、成長」へと大きくパラダイムチェンジした。その結果、合理化、効率化が正義となり、改善が組織化、社会化され、生産力は一気に高まることになった。資本主義も社会主義も、進歩、成長のパラダイムを信奉するという意味では、同じ価値観を持つ社会体制といえる。

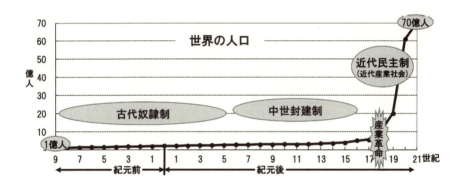

3-1-2. 生産性の向上は企業の歴史的使命

我々は生まれたときから教育を受け、進歩、成長は善いことであり、今の社会を当たり前と思っている。しかし、人類の歴史から見れば、近代産業社会というのは、つい最近始まったばかりの特異な社会といえる。

哲学者、三木清は、進歩、成長の観念は近代社会に特徴的な観念であり、近代的な冒険心、合理主義、進歩の観念から生まれた最高のものが

企業家的精神であると言った。マルクスは、生産力の発展が資本主義の歴史的な任務と言い、オーストリアの経済学者、シュンペーターは、資本主義の原動力は「創造的破壊」、推進力は「技術革新」であると言った。彼らの言葉を借りれば、生産力の増大は近代産業社会の歴史的任務であり、生産性の向上は企業の歴史的使命といえる。近代産業社会において、この使命を果たせない企業は退場を迫られることになる。

　企業が存続するためには、絶えず生産性を向上させねばならない。技術革新、新商品、新市場で売上を拡大するか、コストダウンで利益を拡大するか、どのような形であれ生産性を高めることが、生き残るための絶対条件である。ゆえに、企業の問題は、最後は生産性に集約され、生産性の向上は世界中の企業に共通する最重要課題となった。どこの会社でも、「生き残る、勝ち残る……、そのために付加価値、生産性を高めて……」という言葉が飛び交っているが、その裏側には、上記のような背景がある。

3-2. 生産性向上の実践がQCの思想

　進歩、成長の価値観を生産性の向上という形で実践するのがQCの思想である。どのような活動も、その本質を理解しないと、表面的、形式的な実行で終わる。これはQCも同じで、やはり、活動が形骸化し、真の問題解決から遠ざかってしまう。

　生産性の意義を示したことで有名な、「1959年3月　ヨーロッパ生産性本部ローマ会議報告書『生産性運動の目的と計画』」の一部を紹介する。

〈生産性運動の目的と計画〉
- 生産性とは、何よりも精神の状態であり、現存するものの進歩、あるいは不断の改善を目指す精神状態である。
- それは、今日は昨日よりもより良くなし得るという確信であり、さらに、明日は今日に優るという確信である。
- それは、現状がいかに優れたものと思われ、事実また優れていようとも、かかる現状に対する改善の意志である。
- それはまた、条件の変化に経済社会生活を不断に適応させていくことであり、新しい技術と新しい方法を応用せんとする不断の努力であり、人間の進歩に対する信念である。

生産性向上については、一昔前、労働組合が、労働強化や搾取ではないかと反発し、生産性という言葉に暗いイメージがつきまとっていた時期があった。しかし、今は、それが労使双方にメリットがあると理解されるようになり、「生産性3原則」といわれる、①雇用の維持拡大、②労使の協力と協議、③成果の公正な配分の三つが掲げられ、その実現に向けて、労使で協力して生産性を高めようという時代になっている。

QCを品質管理と訳すと意味が狭くなってしまう。QCとは生産性の向上であり、企業における仕事のやり方そのものである。それを理解したうえでQC手法を使わないと、真の問題解決にはならない。

3-2-1. 改善は人間の生き方を示す

ヨーロッパ生産性本部ローマ会議報告書の「生産性運動の目的と計画」からすれば、改善は、人間の生き方を示しているといえる。改善を実行するかどうかは、地位や役職とは関係ない。改善しない管理職、役

員もいれば、毎日改善している事務員、パートさんもいる。改善を意識するかしないかは別にして、無駄をなくせないか、もっとうまい方法はないか、楽なやり方はないかと考えて行動し、生産性を高めるかどうかは、その人の生き方の問題といえる。

　法哲学者、三谷隆正は、『幸福論』の中で、「幸福の真諦は、見ることではなくて働くことである。享楽することではなくて、創造することである」と言っている。どれだけ生産力が高まり豊かになっても、改善そのものが目的になり、改善すなわち仕事が面白くなるような境地が、人の生き方としては幸せであろう。さらに、改善で自由時間が生まれ、生活の質が高まり、充実した人生を送れるなら、これ以上の喜びはない。

　いずれは、AIが、ほとんどの労働を肩代わりし、人間は何もしなくても生活できる時代がくるかもしれない。労働の疎外どころか消滅である。そのような時代になれば、なおのこと、改善という生き方は、重要であろう。

3-2-2. 生産性向上は企業収益のためだけではない

　日本の少子高齢化、労働人口の減少は深刻な問題になりつつある。労働力として、若年男性、健常者、フルタイム、時間外労働が前提の会社では、いずれ働き手がいなくなるだろう。これからは、女性、高齢者、育児や介護で時間的ハンディがある人たちを含めて、すべての人が戦力になる会社でなければ存続できなくなる。

　そのためには生産性を上げて労働時間を短縮することが必須である。夜中まで働くようでは、子供をつくることも育てることもできず、人口減で日本は消滅する。もはや生産性向上は、企業収益のためだけではない。

国も経済界も、ようやくこのことに気づいた結果がワークライフバランスの取り組みである。「ワークライフバランスは、福利厚生ではなく経営戦略」(㈱ワーク・ライフバランス社長、産業構造審議会委員：小室淑恵氏）といわれる通りである。

生産力が低く貧しい時代には、生産性を高め生活物資を増やすことは、人間の最優先の活動だった。しかし、これだけ生産力が高まり、物質的に豊かになった今日、生産活動は、数ある人間の活動の中の一つに過ぎなくなっている。生産活動すなわち生活物資を整えるための活動だけでは、福澤諭吉に言わせると、「この人は、ただ蟻の門人と言うべきのみ」ということになる。

古代ギリシャ人は、労働に奴隷を使うことで、閑暇を手に入れ、哲学、科学、芸術を生み出してきた。生産活動が常に生産性を問われるのに対し、深さ、高さが問われる活動領域である。現代人は、労働を奴隷に肩代わりさせるわけにはいかないが、生産性を上げることで、生産以外の活動時間を増やすことはできる。そう考えるならば、1日8時間は生産活動に傾注するが、残りは別の活動に振り向けることが当たり前になるはずである。

3-3. 近代産業社会の光と影

パラダイムチェンジで豊かさを手に入れた近代産業社会であるが、その将来は楽観できない。その影の部分を改めて認識しておきたい。

3-3-1. 進歩のパラドックス

近代のパラダイムにヒューマニズムを加え、人類は、生産力を飛躍的

に高め、生活水準を向上させ、個人の寿命を大幅に延ばすことに成功した。衣食住に不自由しない現代人の快適な暮らしは、古代であれば、極少数の王侯貴族にしか許されない生活水準である。

仮に、日本で、生活水準を昭和初期にもどすなら、今の生産力があれば、1日3時間労働も可能だろう。これは、生産性向上の勝利といえる。ベーシックインカム(注2)を議論できるのも、働かないという選択が可能になるほどの生産力があってこそ、である。

しかし、近代産業社会は、生産力を大幅に増大させた結果、それまでの時代に比べて、資源とエネルギーを桁違いに消費する。加えて、常に変化を求め、現状に満足せず、足るを知らない。経済学者、ガルブレイスが、「依存効果」(注3)と言ったように、絶えず我々の欲望を刺激し、新たな物財を生み出し、生産力を増大し続ける。生産力の増大を、手段ではなく目的として優先する社会といえる。

原始共産制の時代、人類の個としての寿命は短かったが、種としての寿命は、100万年を超えた。近代産業社会で、これをさらに100万年延ばせるだろうか。人類は、豊かになることで、個の寿命を延ばしてきたが、種としての寿命は終わりに近いのではないか。進歩が滅亡につながるパラドックスである。

(注2) ベーシックインカム：**basic income**
政府が、すべての国民に、最低限の生活を送るために必要な額の現金を、無条件で定期的に支給する制度。

(注3) 依存効果
生産を拡大するために欲望を刺激（宣伝）する結果、欲望が生産に支配されること。

3. QCの思想

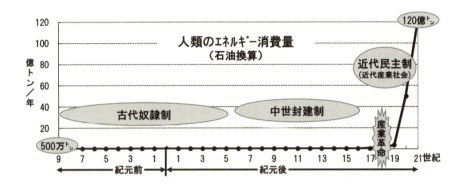

3-3-2. 人類歴史の真の進歩に向けて

　生産性の向上は、人類の物的豊かさの進歩に大きく貢献してきた。一方で、資源や環境問題等の顕在化により、そのような進歩に限界があることもわかってきた。無限に成長し続けることは、ねずみ講と同じで、不可能である。

　進歩、成長が善いとなったのは、人類200万年の歴史の中では、産業革命以降わずか300年という極最近である。近代の価値観が絶対というわけではない。人類が、種としての生き残りを最優先するなら、進歩、成長を捨てるという選択肢もあり得る。実際、成長そのものを問い直すような議論も出てきているが、現実には、近代のパラダイムを前提に持続可能な社会を目指すということになろう。そうであれば、生産性向上の成果も、量から質へ、すなわち生産の質の向上（資源・エネルギーの有効活用）と生活の質の向上（労働時間短縮等）に向けざるを得ない。

　さらに、今日の世界の問題は、生産よりも分配の問題になっている。生産力が低い時代、富の集中、格差は、資本の力で生産力を増大させるための必要悪ともいえたが、人類がここまで豊かになった今、集中と分

45

配のバランスをとる時がきている。富の集中と生産力の拡大をコントロールしなければ、近代産業社会は、いずれ行き詰まるだろう。分配を重視する政策への転換を促すのは、労働組合の役目でもある。生産力の増大を前提にした物的豊かさの追求だけでは、労働運動は尻すぼみになる。元連合会長の故鷲尾悦也氏、元JC議長の故宮田義二氏らは、20年前にこの問題を提起していた。

　進歩とは何かという議論の中で、経済成長だけが進歩ではないという認識は広がってきている。進歩の中身が問われる今、連合の理念には、持続可能な社会を目指して、世の中の不条理に立ち向かい、克服するという言葉が掲げられている。もはや、生産性向上の成果を物的豊かさの進歩だけに向ける時代ではない。哲学者、市井三郎のいう人類歴史の真の進歩[注4]、不条理の克服に向けてこそ、生産性の意義は生かされる。

[注4]　人類歴史の真の進歩
　　　市井三郎『歴史の進歩とはなにか』（岩波書店）

4．問題解決の取り組み方

　企業における問題解決の目的を突き詰めれば、生産性の向上であり、収益の向上である。そのための手段は様々だが、大切なのは、手段ではなく目的であり、その結果である。

　人材育成や職場力強化、お客様満足向上等の課題も、結果として、生産性の向上につながらなければ、目的の達成にならず、問題を解決したことにならない。福利厚生の充実、職場環境の改善等による従業員満足の向上も、最後は、生産性向上という結果に結びつく必要がある。結果とは、何をやったかではなく、目的がどうなったかである。

　そこで、問題解決の取り組みでは、「目的を意識すること」と「結果の良し悪しを見分けること」が大事になる。研修から日常業務、上位方針課題の遂行に至るまで、目的と結果に焦点を当てて取り組んでもらいたい。

4-1．目的を意識する

　初めに必要なのが、目的（ミッション）の確認である。目的がわからなければ、何を手段にすればよいかわからない。

　野球の監督のミッションがチームを優勝させることなら、チームの総合力を高めることは、そのための手段になる。一方、チームのイメージを向上させることがミッションなら、優勝は、そのための手段になる。この場合の手段は、優勝だけでなく、寄附やボランティア、コマーシャル等も手段になる。また、1回だけ優勝すればよいのと、継続して優勝

を目指すのとでは、手段は違ってくる。いずれにしろ、監督のミッションを掘り下げないと、目的が定まらず、手段が決まらない。

　問題解決は、目的を正しく認識することから始まる。まず目的を確認し、そして手段を考えるべきである。パスカル曰く、「すべての人が手段についてだけ熟慮して、目的についてそうしないのは嘆かわしいことである」。

4-1-1. 手段から目的への掘り下げが必要

　目的を意識するとは、自分の仕事の「本質的な目的」を知ることである。それには、手段から目的への掘り下げが必要である。○○の標準化、○○の見直し、○○の仕組み化等は、手段の言葉である。それによって、どのような目的を達成するのかを明らかにしなければならない。

　企業活動である限り、課題の目的を掘り下げていけば、どこかで必ず生産性の向上になるはずである。ならなければ、課題を誤っていることになる。そこからさらに掘り下げれば、それにより経営計画を達成、それにより企業理念を実現まで行き着く。すなわち最終的には、生産性の向上は、目的ではなく、企業理念を実現するための手段になる。普通の企業なら、そうなるはずである。

　不祥事企業も含めて、金儲けを理念にする企業はない。どこも、お客様満足、社会貢献、持続可能な社会の実現等を掲げている。手段は、その理念を実現するためのものである。そうであれば、例えば、地球環境の保全を理念にしながら、原発で放射性廃棄物を出し続けるのは、温暖化防止とはいえ、手段の誤りと言わざるを得ない。

48

4．問題解決の取り組み方

手段の言葉：○○の標準化、見直し、仕組み化、明確化、導入、構築、検討

掘り下げる

目的の言葉：○○の品質向上、生産量確保、納期短縮、原価低減、工数削減
生産性向上

企業理念の実現

4-1-2. 目的を掘り下げるほど仕事のレベルは上がる

　間接部門のスタッフは、上位方針（社方針、部方針等）で示された、……の策定、……の構築、……の完遂等の様々な課題を抱えている。これらは、課題と言いながら、実は、事業計画を実現するための作業課題（手段）である場合がほとんどである。上位方針で与えられた課題を黙って遂行するだけでは、それは作業と言われてしまう。

　プロジェクトの遂行、システムの導入等の上位方針課題を、そのまま「自分の課題」とするだけでは、掘り下げが足りない。上位方針課題の目的は何か、自部署のミッションは何かについて、掘り下げが必要である。○○管理の仕組み構築、○○システムの導入等によって、最終的に何を目指すのか、本質的な目的は何かを明らかにしなければならない。

　目標管理では、結果のイメージを、指標と水準で具体的に書くようにといわれるが、たとえ書けても、それが本質的な目的でなければ、的外れになる。仕事の目的を問われて、受注部品の管理システムを作っているという答えではうまくない。受注部品の出荷納期の短縮を進めていると答えられるようになるべきである。

　目的を掘り下げるほど仕事のレベルは上がる。ただし、仕事を知らな

49

ければ、掘り下げはできない。どこまでできるかが、その人、その部署、その会社の仕事の実力である。

上位方針課題	本質的な目的
○○管理の仕組み構築	短期、低コストの開発
○○システムの導入	リードタイムの短縮
○○戦略の提案	新規販売台数の増加
○○目標の設定	他社を凌駕する性能確保
○○プロジェクトの遂行	目標原価の達成
○○プロ開発の推進	商品力の強化
○○プロセスの管理	目標納期の達成

4-1-3. 課題名で目的を示す

　課題名が、「……の見直し」、「……の仕組み作り」のように、改善の手段を示すだけでは、それによって、どのような生産性の問題を解決したいのか、目的が不明であり、課題名として不完全である。これでは、本当に目的を達成しようとしているのか、評価不能である。目的が不明確な問題解決の取り組みは、生産性に対する意識が希薄であり、改善になっていないということが見て取れる。

　あるべき課題名は、「……品質の向上」、「……量の確保」のように、目的（生産性の向上）を明らかにしなければならない。問題解決が的を射ているかどうかは、課題名から判断できる。逆に、そのような判断ができるように課題名をつけねばならない。課題名に書き切れないなら、別に書くことはかまわないが、必ず書くべきである。目的を明記することは、改善を意識して問題解決に取り組んでいることの意思表示である。

4．問題解決の取り組み方

〈不完全な課題名〉	〈あるべき課題名〉
手段 ……の見直し / ……の仕組み作り / ……の DB 構築 / ……の取り組み	目的 ……品質の向上 / ……生産量の確保 / ……納期の短縮 / ……工数の低減

4-1-4. 課題の発見が必要

　MBO [注1]（目標管理制度）を導入している会社で、スタッフが、上位方針の作業課題を、そのまま目標管理シートに記入するだけでは、目標管理として不十分である。もちろん、作業課題の遂行は重要で、その取り組みは評価されるべきだが、それだけでは問題解決の取り組みにはならない。社員に能力開発のテーマを与えるときも同様である。担当業務の作業課題を掲げるだけでは、習熟による能力向上はあるものの、能力開発としては、不十分である。

　目標管理も能力開発も、大事なのは、自分のミッションを問い、何を改善するかを示すことである。上位方針が、作業課題ならば、その本質的な目的（プライマリ）は何かを明らかにしなければならない。それが、課題の発見である。

　上位方針課題に取り組むとき、どのように自分の課題を設定すれば、課題の発見になり、問題解決になるのか、以下に、5つのパターンを示す。

[注1]　**MBO: Management By Objectives**
　ピーター・ドラッカーによって提唱された制度。

上位方針課題への取り組み方	上位方針課題	自分の課題
(1)上位方針の作業課題 （手段）を取り上げる	○○ DB の構築	○○ DB の構築
(2)上位方針からプライマリ 問題（目標）を導く	○○ DB の構築	○○ DB の構築による リードタイム短縮
(3)上位方針のプライマリ問題 （目標）を取り上げる	○○原価の低減△％	○○原価の低減△％
(4)上位方針のプライマリ問題 （目標）をレベルアップ	○○原価の低減△％	○○原価の低減△％ ＋□％
(5)独自にプライマリ問題 （目標）を導く	○○ DB の構築	○○ DB の構築の 工数削減

(1) 上位方針の作業課題（手段）を取り上げる

　上位方針が作業課題、すなわち手段であることを認識せずに、そのまま自分の課題としてしまうパターンである。○○データベース（DB）の構築を、自分の課題にして、単に、DB を作ったと報告するだけでは、これは課題の発見にも、問題解決の取り組みにもならない。自分の課題にするなら、DB を作ることでどのような生産性の向上になるのかを明らかにする必要がある。

　オーナーシップとは、問題を主体的に捉え、強い情熱と責任感を持って取り組む姿勢と言われている。言い換えれば、自分の立場で取り組むべき課題を考え、実行し、生産性を高めることである。手段の実行だけでは、オーナーシップはとれない。

4．問題解決の取り組み方

⑵ 上位方針からプライマリ問題（目標）^(注2)を導く

上位方針課題の目的を問い、自分の課題にするパターンである。これなら課題の発見であり、問題解決の取り組みになる。上位方針がプライマリ問題（目標）を示していない場合は、自分でそれを発見しなければならない。そのためには、上位方針課題の本質的な目的を掘り下げる必要がある。

○○ DB 構築の目的は、リードタイムの短縮なのか、経費削減なのか、工数削減なのかを、意識することが大事である。人材育成なら、「○○ができるようにする」、進捗管理なら、「○○の納期を短縮する」等の課題にしなければならない。

課題に限らず、目的を問うことは、日常業務でも重要である。上司が、作業を指示するだけで、目的を言わないなら、自分から確認すべきである。

⑶ 上位方針のプライマリ問題（目標）を取り上げる

上位方針でプライマリ問題（目標）が明示されている場合、それをそのまま自分の課題にするパターンである。

営業や調達等の部方針で、販売台数○○台の達成、原価低減○○％の実現等の目標が掲げられているケースである。

この場合、課題の発見にはならないが、問題解決の取り組みではある。

---

^(注2) プライマリ目標
　　　生産性のレベルアップの目標。詳細については、後述する。

⑷ 上位方針のプライマリ問題（目標）をレベルアップ

　上位方針のプライマリ問題（目標）を、そのまま自分の課題にするのではなく、そのレベルを上げるパターンである。

　原価低減△％の実現に対して、さらにプラス□％の目標を目指す、あるいは、販売台数△台の達成に対して、さらにプラス□台の目標を目指す等の課題にチャレンジすることである。

　目標をレベルアップして自分の課題にすれば、課題の発見であり、問題解決の取り組みになるが、ハードルは高くなる。

⑸ 独自にプライマリ問題（目標）を導く

　上位方針課題の本質的な目的と関わりなく、生産性の向上に向けて、独自のプライマリ問題（目標）を導き、自分の課題とするパターンである。上位方針課題に漫然と取り組むのではなく、自分の課題は何かを意識することがポイントで、そのために生産性という視点が必要になる。

　DB構築について、リードタイムの短縮を目的とする代わりに、DB構築自体の工数削減を目的にすれば、課題の発見であり、問題解決の取り組みになる。これなら、DB構築の本質的な目的がどうであれ、生産性の向上に貢献することは確かである。

　本来、課題遂行の本質的な目的は、目標原価達成、販売台数増、収益向上等の生産性の向上である。課題に取り組んで、その結果を確認できればベストだが、難しい場合も多い。そのような場合は、自分の課題として、生産性という観点から、課題遂行の工数削減、納期短縮等を取り上げればよい。プロジェクトの一部を請け負っている場合、自分が担当する部分の納期短縮を課題にすれば、自分の課題になる。

　どのような業務であろうと、納期を守る、あるいは短縮するために、やり方を変える、工夫することは、問題解決の取り組みであり、生産性

の向上になる。自分の課題が見つからないというなら、まずは納期の短縮に取り組むべきである。

4-1-5. ミッションが目的になる

　営業や調達の課題のように、収益や原価等の改善による生産性向上が目的で、その結果をダイレクトに確認できる場合はよい。しかし、目的を生産性向上まで掘り下げても、その結果を確認することが困難な課題も多い。

　例えば、新たな人事制度を導入する目的は、最終的に、企業業績を向上させることであり、課題は、「新人事制度の導入による企業業績の向上」になる。しかし、結果として、業績が向上したか確かめるのは簡単ではない。

　そこで、この場合は、「社員のモチベーション向上」を目的にして、「新人事制度の導入による社員のモチベーション向上」を課題にすればよい。モチベーション向上が目的になるのは、それが人事部のミッションで、その達成によって、社員のパフォーマンスが高まり、業績向上に結びつくという確信が得られているからである。また、モチベーションなら、モラールサーベイ等で、結果を確認できる。モチベーションの向上、マネジメント力の強化、組織の活性化等、ミッションであれば、目的になる。ただし、結果では、モチベーションやマネジメントがどうなったかを確認することが前提である。

　生産性向上を確認することが難しい課題の場合は、部や室等のミッションを目的にすればよい。ミッションならば、その達成が生産性の向上になると確信できる、あるいは、そのコンセンサスが得られている。逆に、それがなければ、ミッションにはならない。

4-1-6. オペレーションは目的にならない

新人事制度の導入の例で、ミッションであるモチベーションの向上は目的になったが、オペレーション（手段）である新人事制度の導入自体は、目的にはならない。オペレーションは、ミッションと違って、その達成が、必ずしも、生産性の向上につながるとは限らないからである。もし、新人事制度の導入が生産性の向上になるというなら、少なくとも、モチベーションが向上したかどうかを確かめる必要がある。

開発部門が市場調査をするのは、市場ニーズを踏まえた製品を開発することで、商品力を強化し、受注を増やして、収益を向上させることである。市場調査の目的は、収益の向上であるが、その結果を確かめることは簡単ではない。そこで、開発のミッションである商品力の強化を目的にすれば、課題は、「市場調査の充実による商品力の強化」になる。商品力なら、他社をどれだけ凌駕できたかを確認できる。また、商品力の強化は収益の向上に結びつくというコンセンサスがある。

一方、オペレーションである市場調査の充実自体は、目的にはならない。市場調査の充実は、それが収益向上につながるとは、必ずしも言い切れない。それを証明するには、少なくとも、市場調査の充実で商品力が強化されたかを確かめる必要がある。

新人事制度の導入や市場調査の充実は、オペレーションとしては大事だが、それ自体は、目的にはならない。

4-1-7. 業務報告と問題解決の報告の違い

例えば、「設計の標準化」や「シミュレーション精度の向上」という手段の遂行（オペレーション）を課題にして、設計基準を作成した、誤

4．問題解決の取り組み方

差±○％に向上したという結果を報告するだけでは、生産性向上という目的を達成したか、改善したかが不明であり、業務報告にはなるが、問題解決の報告にはならない。

　問題解決の報告をするならば、「設計の標準化による効率化」、「シミュレーション精度の向上による開発費削減」という目的の達成を課題にして、結果では、設計工数の削減や出図納期の短縮、実験工数や試作費用の削減等の目的がどうなったかを報告しなければならない。業務報告と問題解決の報告の違いは、手段ではなく目的、すなわち生産性向上という改善結果を確認し、報告したかどうかである。

　本質的な目的を意識せずに課題に取り組み、その結果を報告するだけでは、業務報告（手段の報告）にはなるが、問題解決の報告（目的の報告）にはならない。どこの部署にも、形骸化した仕組みやマニュアルがたくさんあると思うが、それは、作ることが目的になり、作ったという業務報告をするだけで、問題解決の報告、すなわち生産性の評価をしないからである。業務報告だけでは、仕組みやマニュアルの良し悪しを判断できない。その結果、せっかく作っても、使われずに放置されることになる。

〈業務報告〉

課題（手段） →	結果（手段）
設計の標準化	設計基準を作成
シミュレーション精度の向上	誤差±○％に向上

〈問題解決の報告〉

課題（目的） →	結果（目的）
設計の標準化による効率化	設計工数の削減、出図納期の短縮
シミュレーション精度の向上による開発費削減	実験工数の削減、試作費用の削減

4-1-8. 問題解決の報告は重い

　ある開発課題について、問題解決の報告をするならば、結果では、生産性、すなわち、原価やクレームを低減したか、受注増、収益増に貢献したかまで示さねばならない。これには時間がかかることも多く、場合によっては、品証や調達、営業まで巻き込んだ検証も必要になる。しかし、開発課題を評価するためには、当然ともいえる。開発として採算が取れているのかを検証すべきで、それが不十分だと、いくら開発しても売れない、儲からないという結果になってしまう。どれほど難しい課題を遂行しても、会社業績に貢献しないなら、その取り組みは誤りになる。高度な技術開発で機能を高めても、グローバルな業績には結びつかないという、いわゆる技術のガラパゴス化である。

　単なるオペレーションの報告を問題解決の報告と思うようでは、報告を受ける側のレベルも問われる。技術問題発生の原因がコミュニケーション不足というなら、コミュニケーションを良くしたことで、目的である技術問題の解決がどうなったかを報告させるべきである。コミュニケーションを良くしたという手段の報告は、業務報告である。

　課題に取り組んで、生産性についての報告ができなければ、それは業務報告に過ぎない。それで仕事をしたつもりになっていては、会社は立ち行かなくなる。業務報告と問題解決の報告の違いを認識すべきである。

　問題という言葉の重さと同様、問題解決の報告は、業務報告と比べて、はるかに重い報告である。重いがゆえに大変である。問題解決は、それを報告する覚悟が必要である。通常は、業務報告でもやむを得ないが、いざ問題解決の報告を求められたら、しっかり報告できるように準備すべきである。

4-1-9. 開発の問題解決は商品性と利益の両立

　燃費性能向上が、開発のミッションとして認識され、燃費を良くすれば商品力が高まり受注が増えるというコンセンサスが得られているなら、燃費が○km/Lになったと報告することは、問題解決の報告になる。

　ただし、本当は、さらに踏み込んだ報告がほしい。燃費性能向上の目的は、それによって商品力を高め、受注を増やして収益を高めることである。そこで、本来の問題解決の結果を報告するなら、燃費性能向上が業績に貢献しているかを確認する必要がある。その意味では、○km/Lに向上したと報告するだけでは、業務報告である。問題解決の報告なら、販売での競合他社との勝敗要因の分析等、開発の仕事の領域を超えた取り組みも必要になる。

　一般論として燃費性能向上は重要だが、車型や市場、使い方によっては、燃費の優先度は低いという場合もあり得る。商品力は、燃費、重量、耐久性、信頼性、価格等の様々な要素のバランスで決まる。何を優先するかは開発のポリシーである。燃費だけではないポリシーを語ることができれば、カタログ値だけの無益な競争に巻き込まれることもなくなる。

　電機メーカーは、テレビ画面の解像度、自動車メーカーは、ハンドリングの味付け等、実用上、ほとんど意味のない違いを競っているが、差別化ありきの重箱の隅をつつくような開発競争に陥っていないか、お客のニーズはどこにあるのか、性能差はどのくらい売上に影響するのか、検証が必要である。商品性と利益を両立させることは、開発の役目である。生産性を意識し、性能、価格、受注のバランスまで考えるのが、開発の問題解決の取り組みでなければならない。

4-2. 結果の良し悪しを見分ける

仕事の基本は、PDCAを回すことといわれるが、問題解決で重要なのは、Cである。Cとは、何をやったかではなく、目的がどうなったかをチェックすることである。Dによって目的を達成したかを確認することである。

マニュアルを作った、仕組みを作った等の、やった手段を確認するだけでは、Cにはならない。○○の推進や導入等の課題に取り組むなら、推進、導入の作業内容ではなく、納期を守れたか、トラブルを防げたか等の結果を確認しなければならない。

従来、この確認が抜けていて、手段の報告に終始している場合が多い。手段に比べて、結果の確認は大変である。しかし、PDCAを回すためには、どんなに大変でも、これは避けて通れない。

目的を掲げても、その結果を確認しないなら、単に手段を実施したというだけで、目的が達成されたかは不明のままに終わる。手段自身をいくら分析しても、その良し悪しは、原理的に評価できない。手段ではなく、結果の良し悪しの見分けが必要である。

4-2-1. 目的がどうなったかを確認

課題名で、不具合の再発防止という目的を掲げながら、結果では、仕組みを作ったという手段の報告で終わっている例が見られる。不具合の再発がどうなったかを確認しなければ、結果の報告にはならない。効率化、最適化等の課題も、その目的である、工数削減、固定費削減、経費削減等がどうなったかを確認しなければ、結果にならない。

人材育成なら、研修や勉強会等の育成手段ではなく、育成の目的を達

4．問題解決の取り組み方

成できたかを確認する必要がある。社員のパフォーマンスが高まった
か、課題を達成できるようになったかを確認しなければ、人材育成の結
果の報告にならない。

　人材育成の考え方、やり方の議論は大事だが、さらに重要なのは、育
成で求める結果の議論である。学生の能力が向上したかどうかは、何を
勉強したかではなく、試験の点数が上がったかで測られる。予備校は、
受験生に何を教えたかではなく、合格させたかで評価される。結果は、
目的を達成したかどうかで評価されることを忘れてはならない。

　ホワイトカラーの生産性向上の議論も、やり方、方法論の域を出てお
らず、結果をどうやって測るのかという根本的な議論が抜けている。手
段ではなく目的がどうなったかを確認するのが結果である。目的に焦点
を当てなければ、どのような手法、活動を導入しても、空回りするだけ
である。

課題	結果の確認	
	手段	目的
不具合の再発防止	仕組みを作成	不具合再発を撲滅
業務の効率化	マニュアルを作成	作業工数を削減
人材の育成	勉強会を開催	能力発揮を促進
技術力の向上	システムを構築	リードタイムを短縮
マネジメント力の強化	マネジメント研修を実施	課題遂行を促進

4-2-2. 結果を確認する努力をすべき

　一般的に、結果の確認より、手段を実行しているほうが、気が楽であ
る。結果が出るのは当たり前という先入観があると、手段に走りがち

で、とりあえず仕事をした気になる。そうならないために、当たり前と思っていることを疑ってみるべきである。

何かの取り組みで標語を掲げる企業は多いが、大半は、そこまでで、結果の確認が抜けている。本気で取り組むなら、実施事項のフォローで終わりにせず、結果を最後までフォローすべきである。結果のフォローは、するほうも、されるほうも、大変である。お互い、やりたくない。やらなくても、苦情を言われない。その結果、仕事のレベルは、どんどん下がっていく。

課題に取り組むときは、常に、結果をどうやって確かめるのかを考えてもらいたい。結果を確認するための指標を作ることも改善の内である。モチベーションや従業員満足等の質的な指標でも、モラールサーベイやアンケート等で定量的に測定することは可能である。

結果の確認が難しい課題について、最初から、確認は不可能、無駄と考えてはならない。本質的な目的を達成したか、確かめる努力が必要である。それをしない限り、いつまで経っても施策の有効性を評価できず、PDCA を回せない。試合前に、ヒットを打つと宣言するのはよいが、試合後に、打ったかどうかを確認しなければ、バットを振っただけということになりかねない。

4-2-3. 結果の確認が困難な場合

目的を掘り下げるほど、結果の確認は難しくなる。課題の中には、結果が出るまでに長い時間がかかる、定量的に確認することが困難と思われる課題もある。これらの課題についても確認する努力をすべきだが、それに工数を取られて対策の時間がなくなるようでは、本末転倒である。

様々な課題の目的を収益向上にすることは簡単だが、それを確認する

4．問題解決の取り組み方

ことは困難な場合が多い。その時は、収益向上の途中にある手段がどうなったかを確認すべきである。ただし、その手段によって収益が向上するという因果関係があることが前提である。少なくとも、因果関係について、関係者のコンセンサスを得るべきである。

　もう一つの方法は、自分が行う対策で収益向上を達成できるという確信があるなら、その確信の根拠を示すことである。特に、結果が出るまでに時間がかかる課題ならば、ミッションを意識し、第三者が納得できる根拠を示せれば、それを結果の確認に代えられる。結果が、「原価低減の案を作成した」では、第三者には、本当にそうなるかわからない。その案で原価低減になると確信する根拠（対策に対する有識者の見解等）を示してもらいたい。「案について部長承認。効果は1年後に確認」というように、組織としてオーソライズしてもらえれば、納得できる。1年後、原価低減にならなければ、部長の責任である。研修で期限内に問題解決を実践するような場合、結果の確認が困難な課題を避けてしまいがちだが、目的達成を確信する根拠を結果に代えるならば、結果の確認が難しい課題にも取り組むことができる。確信の根拠は、役員の決裁か、経営会議の承認か、実績からの判断か、いずれにしろ、それは、自分が働きかけ、生み出すべきである。すでに経営会議で承認されていることを根拠にするだけでは、自分の課題の発見にならない。確信を得るために自分がどのような努力をしたかを示すべきである。市場品質問題への対応等、効果の確認に時間がかかる対策の場合、実験やシミュレーションによる確認も、確信の根拠になる。

　前述の新人事制度の導入では、モチベーションの向上は、途中の手段だが、ミッションであり、企業業績（収益）の向上との因果関係のコンセンサスが得られている。よって、制度の導入前と導入後でモチベーションがどうなったかを調べることが結果の報告になる。また、新人事

63

制度の導入自体は手段だが、これについて、例えば、経営会議で承認を得たならば、それは、収益向上に結びつくという確信の根拠になり、結果の確認に代えることができる。いずれにしろ、新人事制度の内容を報告するだけでは、結果の報告にはならない。

〈結果の確認が困難な場合〉

それにより	手段 能力発揮を促進	→それにより→	手段 経営課題を達成	→それにより→	目的 収益向上
	手段 モチベーションを向上	←それにより←	手段 賃金制度を見直し	←それにより←	手段 新人事制度を導入

収益向上の途中にある手段がどうなったか確認する

収益向上を達成できると確信する根拠を示す

4-2-4. 途中の手段を確認する例

(1) 例1：研修会の開催

　研修会を開催する目的は、例えば、それにより知識、技術を伝授して、職務遂行能力を向上させ、課題の達成を促進し、収益を向上させることである。目的を掘り下げれば、収益の向上になるが、その結果を確認することは難しい。

　この場合は、収益向上までの途中の手段である「受講者の職務遂行能力の向上」がどうなったかを調べればよい。これなら確認可能で、その向上が収益向上に結びつくことも明らかであり、問題解決の報告になる。いつどんな研修をやったというだけでは、業務報告にしかならない。

4．問題解決の取り組み方

　余談だが、受講者の満足度は、研修の良し悪しの評価指標としては不十分である。それは、福利厚生制度の評価指標である。研修の評価指標は、社員が成果を出せるようになったかでなければならない。社員を満足させることは、研修の本質的な目的ではなく、研修担当部署のミッションでもない。なお、研修を請け負う会社ならば、満足度は、研修の評価指標になり得る。次回の研修を受注できるかどうかに関わるからである。

　堤宇一（編著）、青山征彦、久保田享（著）『はじめての教育効果測定：教育研修の質を高めるために』（2007　日科技連出版社）によれば、研修結果のレベルは、以下の四段階になるという。

- レベル１：反応（Reaction）　受講者が、研修に満足する
- レベル２：学習（Learning）　受講者が、必要なスキルを習得する
- レベル３：行動（Behavior）　受講者の行動が、変化する
- レベル４：成果（Result）　　組織の成果（収益向上等）が、得られる

目指すは、レベル４である。研修を企画するなら、講義や演習等の手段の議論の前に、どのような結果を求めるのか、どのような結果が出れば、人材育成ができたといえるのかを議論してもらいたい。

⑵　例２：コールセンターの設置

　コールセンターを設置する目的は、例えば、それにより情報提供を迅速化し、お客様満足を向上させ、自社製品の購買意欲を高めて受注を増やし、収益を向上させることである。結果を報告するなら、収益が向上したか、確認が必要だが、これも簡単ではない。

　この場合も、収益向上までの途中の手段である「お客様満足の向上」

65

がどうなったかを確認すればよい。これは、ミッションであり、収益向上に結びつくという因果関係のコンセンサスがある。よって、お客へのアンケート等で、満足度が高まったかを調べれば、結果の報告になる。コールセンターを設置した、情報提供を迅速化したという報告では、お客が満足したか不明であり、結果の報告にはならない。

なお、お客様満足の向上が、本当に収益向上に結びついているか、個別の商談で受注増、収益増になっているかは、いずれどこかで確認が必要である。

(3) 例3：POSシステムの構築

POSシステムを構築する目的は、例えば、それにより販売情報を収集し、在庫をリアルタイムで把握することで在庫ロスを低減し、管理費を削減して、収益を向上させることである。目的を掘り下げれば収益の向上であり、結果を報告するときは、それを確認するのがベストである。

しかし、難しければ、途中の手段である「在庫ロスの低減」がどうなったかを調べればよい。これなら、確認は容易で、収益向上に結びつくことも明らかで、結果の報告になる。システムの内容を報告するのは、業務報告であって、問題解決の報告にはならない。

4-2-5. 結果のヒット例とファール例

問題解決の結果が、課題の本質的な目的の達成になるヒット例と、そうならないファール例を示す。ヒットとファールの違いを知らなければ、点は取れない。

4．問題解決の取り組み方

NO.		課題名	本質的な目的	本質的な目的を達成した状態	判定
1	開発部門	……の開発推進	……の商品力向上	……の目標値達成	ヒット
2		……開発プロセスの確立	……開発の効率化	……システムの導入完了	ファール
3	製造部門	……プロセス改革の推進	……の不備、遅延の撲滅	……の不備、遅延なし	ヒット
4		……ラインの立ち上げ	……コスト削減、納入時間短縮	……管理指標の作成完了	ファール
5	営業部門	……の仕組み確立	……販売台数拡大	……目標台数獲得	ヒット
6		……商談への対応力向上	……実績台数を上回ること	……マニュアルの作成完了	ファール
7	管理部門	……企画の提案	……における収益確保	……企画の役員承認	ヒット
8		……人材の育成	……事務処理品質の向上	……手順書の作成完了	ファール

　NO.2の「……システムの導入完了」は、本質的な目的達成の状態になるのか判断できない。開発工数削減や出図納期短縮等の効果を確認すべきである。

　NO.4の「……管理指標の作成完了」も、結果イメージを、指標と水準で示しているが、本質的な目的達成の状態とはいえない。コスト削減、納入時間短縮等の効果を確認すべきである。もちろん、管理指標の作成で本質的な目的が達成されるというコンセンサスが得られるなら、ヒットになるが、字面から判断する限り、ファールである。

　NO.6の「……マニュアルの作成完了」も同様である。販売台数増の効果を確認すべきである。NO.8も、事務処理品質向上の効果を確認すべきである。

67

NO.7は、本質的な目的が収益確保ならば、その目的達成の状態は、本来、売上や利益等になるが、その効果がわかるまでには時間がかかる。そこで、「……企画は、収益確保に有効」という確信の根拠を示せれば、目的達成の状態と考える。役員承認で、それを示すならヒットである。

なお、これらの例は、手段と目的の言葉の違いだけで判定したもので、本当は、その仕事を知らなければ、判定はできない。本質的な目的を達成した状態が手段の言葉で書かれていても、それが部のミッション等で、目的の達成になるというコンセンサスがあるなら、ヒットの場合はあり得る。

いずれにしろ、本質的な目的の達成状況を確認できるなら、まずそれを確かめるべきで、それが難しいときに、目的を達成できると考える根拠を示すべきである。

4-2-6. 結果にコミットすることが大事

問題解決の課題として、大きな目標を掲げるのは良いことだが、大上段に構え過ぎると、その達成の確認が難しくなる。大目標に向けた手段を実施しただけで、それを達成したかのような報告をするのは、羊頭狗肉である。グローバル人材の育成を目標に掲げ、語学研修を実施しただけで目標達成とするような例をよく見かける。

目標を掲げたなら、それを本当に達成したか確認するか、あるいは、その手段で目標を達成できるという確信がなければならない。目標管理で、マイルストーンを設定するなら、それが最終目標につながるという確信が必要である。グローバル人材の育成が最終目標なら、マイルストーンは、語学研修の実施ではなく、テストの成績〇〇点以上を達成と

すべきである。

　いずれにしろ、大目標の結果の報告は大変である。結果を確認する覚悟で大目標を掲げるならよいが、そうでなければ、自分が確認できるレベルの目標に絞ったほうがよい。特に、大きなプロジェクトの一部を担う担当者が、研修等で問題解決を実践するなら、それができる課題を発見する努力をすべきである。担当者としての問題意識があれば、例えば、ある開発プロジェクトに取り組んで、問題解決の報告が難しいとわかっているなら、プロジェクトの推進と並行して、その納期短縮、工数削減等を課題にすることは可能なはずである。シミュレーション技術を駆使して、振動解析の期間を短縮したり、実験の費用を減らしたりすれば、これは問題解決の報告になる。

　大目標は、見栄えは良いが、言葉が躍ってはならない。結果にコミットしないなら、目標は、形式的目標になるだけである。

4-2-7. 数値目標の達成は必要条件

　最近は、売上や利益等の数値目標の代わりに、お客様満足やCSR等の、いわゆる価値目標を掲げる企業が増えている。企業の究極の目標が企業理念の実現であれば、価値目標を掲げるのは、ある意味、自然である。理念実現に向けて、数値目標など考えず、お客様第一で行動し、価値目標の達成に努力することは正道である。たとえ数値目標は未達でも、価値目標を達成できれば言うことはない。問題は、価値目標の達成をどうやって測るかである。

　お客を喜ばせる車を作ろうと、開発に邁進することは大いに結構である。しかし、お客から良い車だとほめられるだけでは、お客様満足を高めたことの評価としては、十分ではない。お客が満足したかどうかは、

最終的には、お客が車を買ってくれたかどうかで測らねばならない。

　企業である限り、企業理念を実現すれば、収益はなくてもよいというわけにはいかない。お客様満足を高めることによる業績向上を期待しながら、結果は問わないというなら、それは企業の使命を放棄することで、ステークホルダーへの責任も果たせなくなる。

　目先の業績にとらわれるということで、数値目標には否定的な意見もあるが、否定すべきは、それを目的にすることである。目標は価値目標でも、結果の評価には、数値目標が必要である。数値目標の達成は、お客に価値を提供し支持された結果であって、企業理念実現のための十分条件ではないが必要条件ではある。価値目標の追求とは、結局、数値目標への見返りをどこまで先延ばしできるかという問題になる。

5．QCによる問題解決の仕組み

　問題解決法の勉強で重要なのは、手法を知るより、問題解決というオペレーションの仕組み、構造を知ることである。QCによる問題解決のステップは、通常、QCストーリーといわれる。QCストーリーで報告するということは、実施内容が、その構造を満たしており、適切な取り組みであることを示す。問題解決の目的を達成できるなら、QC手法にこだわる必要はないが、報告はQCストーリーにすべきである。それが、構造を理解していることの証しになり、結果の信頼性を高めることになる。

　巻末資料に、A3判1枚の「QCストーリー」のひな形を添付したので参照願いたい。

5-1. 問題解決の型

　QCストーリーは、流儀によって、問題解決型、課題達成型、施策実行型、顧客満足追求型等の様々な型が提案されているが、問題解決の本質で分ければ、発生型と開発型の2つに大別される。問題解決とは、発生型では「問題点の解消」であり、開発型では「目標の達成」である。収益目標の達成に向けて、開発プロジェクトを遂行するのは、開発型の問題解決そのものである。

　2つの型のステップの違いは、発生型が、3．問題点、4．要因解析であるのに対し、開発型は、3．目標、4．手段案出になるだけである。

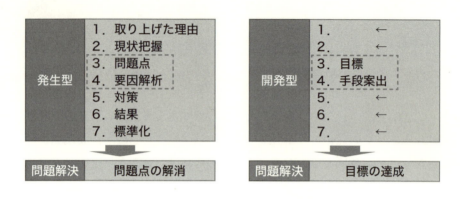

5-1-1. 発生型問題と開発型問題

　発生型問題とは、現状が、ある基準を満たさないという問題である。オーディオの音が出ない、不良品が多い等の問題で、その評価基準は明確であり、音が出なければだめ、不良品が出てはだめである。基準さえ明確なら、問題を明らかにすることは容易である。後は、原因を突き止め、対策すればよく、問題解決の取り組み自体はシンプルである。

　これに対して、開発型問題は、現状からレベルアップさせることが問題になる。オーディオの音質を高めたい、ブランドを高めたいというようなことが問題になる。評価基準がなく、問題かどうかもわからない中で、現状よりレベルを上げたい、新たな目標を達成したい、あるいは、将来、起きそうな問題を未然に防ぎたいというような場合である。これは、発生型では対応が難しい。いわゆる企画の仕事の問題は、これに相当する。

5．QCによる問題解決の仕組み

発生型問題	開発型問題
基準を満たさないこと	レベルアップさせること
・オーディオの音が出ない ・不良品が多い ・固定費が高い ・労働時間が長い ……	・オーディオの音質を高める ・ブランドを高める ・良いデザインの車を作る ・働き易い会社にする ……

5-1-2. 問題解決のキーワード

QCストーリーは、様々な型を覚えるより、この2つの型と問題解決の4つのキーワード、「なぜならば」、「だとすれば」、「そのために」、「それにより」を覚えれば十分である。これらの言葉を正しく使えれば、結果として、発生型か開発型になる。

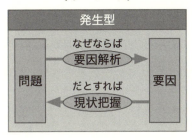
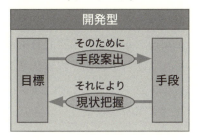

QC研修会等で、自分の仕事と無関係な事例を使って型や手法を勉強しても、役に立つことは少ない。問題解決の力を高めるには、型や手法より、自分の仕事を勉強することのほうが、はるかに重要である。イノ

ベーションも価値創造も、手法を学んでできるものではない。大事なのは手法ではない。手法の勉強は必要最小限に留め、仕事そのものを探究してもらいたい。問題解決は、仕事をする中でしか学べない。特に、結果の良し悪しを見分ける力は、自分の仕事を通じてしか鍛えようがない。

5-2. 発生型問題解決法

発生型は、一番オーソドックスな問題解決法である。問題解決の的を外さないために、取り上げた理由から標準化までの各ステップの言葉の解釈と順番の意味を理解してもらいたい。

QCにおける、「取り上げた理由」、「現状把握」、「問題点」等は、一般名詞ではなく、QCの世界の固有名詞であり、言葉と順番に意味がある。「取り上げた理由」を問題の捉え方、「現状把握」を現状調査に変えたり、「現状把握」と「問題点」の順番を変えたりすると、QCによる問題解決なのか、わからなくなってしまう。

とは言うものの、問題解決を、このステップの順番で実行する必要はない。各ステップを行ったり来たり、あるいは同時並行で進める場合もあるはずで、それはそれでかまわない。しかし、報告する場合は、この順番にすべきである。QCストーリーなら、短時間でわかってもらえ、意思決定のスピードが上がり、生産性が向上するからである。もし、QCストーリーで報告できないなら、それは、取り組み内容が不十分ということである。

ストレートに言えば、QCストーリーは、問題解決の実行のステップではなく、報告のステップである。皆、わかっているが、言わないだけである。

5-2-1. 取り上げた理由

　QC ストーリーは、「取り上げた理由」からスタートする。あくまでも、「取り上げた理由」であって、「問題の明確化」、「問題の捉え方」等ではない。問題を含む言葉を意識的に避けている。後述するように、スタートの段階では、自分が問題と思っても、それが本当に問題かどうかは、調べてみないとわからないからである。なお、初めから、プライマリ問題であることが明らかなら、後は、その問題に取り組むべきかどうかの判断になる。

● 問題意識から始まる

　問題解決の始まりは、自分の担当業務の問題意識である。本当に問題かどうかは別にして、まずは、素朴な問題意識があればよい。「時間がかかる」、「ミスがある」、「期限に遅れる」、「無駄」、「めんどう」、「やり難い」等、どのように感じるかである。問題意識がある限り、問題（と思われる現象）が見えるはずである。QC サークルで集まって改めて問題を探すようでは、意識が低いと言わざるを得ない。QC 活動があろうがなかろうが、改善を進めることが仕事である。

　次に、問題と感じたなら、様々な問題がある中で、なぜその問題を解決しなければならないと考えたのか、なぜ取り組んだのかを示さねばならない。第三者にわかってもらう理由である。第三者とは、当該事項について何も知らない人のことである。その人に、自分の仕事の領域と問題意識を明らかにし、問題の重要性、優先順位をわかってもらわねばならない。自分の仕事の中で最重要、改善効果が大きい等、その問題の解決が生産性の向上に寄与すると考える理由が必要である。生産性向上にならない取り組みに時間を使うことは、かえって生産性を落とすことに

なる。

● テーマの発見が大事

テーマは、自分の業務範囲や能力にとらわれずに、ミッションや目的を意識しながら、できるだけ高い視点で考えるべきである。レンガを積む作業をしているとき、壁を作っていると意識するか、家を作っていると意識するかで問題のレベルが違ってくる。

より高いレベルで問題意識を持つことが、より大きな改善につながる。ただし、大きな目標は、結果確認のレベルが上がり、難しい改善になる。

大目標を意識しつつ、最終的には、自分の業務、能力の範囲内でテーマを選ぶとして、大事なのは、自分の業務外でも、部のミッションという観点から、重要なテーマを見つけた場合の対応である。重要なテーマであるにもかかわらず、何もせず、自分が対策できる発表用の改善テーマを実施するだけでは、問題意識が足りない。

自分ができない大改善テーマなら、上司に提案し、できる人にやってもらうように働きかけるべきである。会社にとっては、小改善テーマの実施より、大改善テーマを発見し、アピールしてもらうことのほうが、はるかに有益である。上司も、それを評価すべきである。改善は、発表のためではなく、会社業績への貢献を最優先に考えてもらいたい。

5-2-2. 現状把握

現状把握という言葉は広く使われているが、QCにおける本来の意味通りに使われていることは少ない。現状把握といいながらピント外れの現状把握をよく見かける。

5．QCによる問題解決の仕組み

　現状把握とは、自分が問題と思った現象が、本当に問題なのかを調べることである。すなわち、プライマリ問題が起きているのか、質、量、納期、コストの現状がどうなっているのかを明らかにすることである。現状把握の、この意味を知らないと、問題を発見できず、的外れな問題解決になる。

　マニュアルがないことが問題と思ったなら、マニュアルがないことで、何が起きているのか、生産性に関わる不具合が発生しているかを調べなければならない。マニュアルの有無を調べるのは、現状把握ではない。

● 工場にネズミがいたら問題か？

　ネズミの現状把握というと、大半の人は、Ａラインに何匹、Ｂラインに何匹と、ネズミの数を調べ始めるが、それは現状把握ではない。単なるデータ集めに過ぎない。

　工場にネズミがいるというのは現象である。この現象が問題かどうかを調べるのが、現状把握である。ネズミが機械に挟まってラインが止まった（量の問題）、あるいは品物に傷がついた（質の問題）等の不具合が起きているか、すなわち、ネズミがいることで工場の生産に支障が出ているかを調べることである。

　ネズミがいても、生産性に影響しないなら、ネズミがいることは、気持ち悪いかもしれないが、問題ではない。ネズミ退治は、余計な作業で、かえって生産性を低下させることになる。もしかしたら、現状把握の結果、ネズミがいることで生産性が上がっているというような現象が見つかるかもしれない。

　現状把握を誤ると、問題を誤ることになり、問題解決の取り組み自体が無駄になる。日常業務で問題意識を持っていて、気になる点があった

77

ら、まずは、本当に問題かどうかを確かめねばならない。そのために生産性という視点が必要になる。この視点がないと、皆が勝手に改善と称して、生産性とは無関係な無駄な作業を生むことになる。

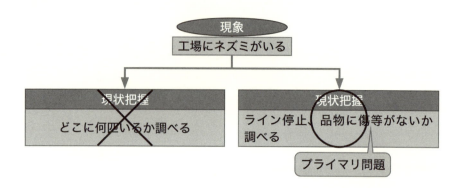

● 費用対効果を考える

　年間1時間の工数を削減するために100時間かけて仕組みを作るのは無駄である。費用対効果を考えて、その問題解決に取り組むべきか判断するのも、現状把握である。

　ネズミを退治するなら、その工数以上の生産性の向上がなければ意味がない。ネズミが生産性を落としており、ネズミ退治に工数をかけても生産性向上に有効と判断されたとき、初めて、退治すべきである。

　マニュアルを作るなら、その工数以上の生産性の向上があると確信できたら、作るべきである。そして、本当に生産性が上がったか確認が必要である。

　余談だが、部下にマニュアル作りを指示するマネージャーは多いが、人から言われて作るものに、ろくなものはない。メンテナンスされずに死んでしまうのが落ちである。マニュアルが生きるのは、自分が覚え

5．QC による問題解決の仕組み

る、あるいは、人に説明するために必要な場合で、いずれにしろ、本人にメリットがある場合である。それがあれば、言われなくても作るしメンテナンスもする。マニュアルは、作るよりメンテナンスのほうが重要であり難しい。よくよく考えて作るべきである。

　また、マニュアルを作るなら、方法、作業手順より、作業の目的、なぜそうするのか、考え方を記載するほうが大事である。作業手順は、メンテナンスされないと使い物にならなくなるが、考え方は生き残る。それが後で役に立つ。

● 発生型の現状把握のキーワードは「だとすれば」

　現状把握とは、現象を遡り、プライマリ問題を明らかにすることである。その遡りのキーワードが「だとすれば」である。先ほどの「ネズミがいる」という現象を遡ってみよう。

〈プライマリ問題を明らかにする〉

| プライマリ問題 | ←だとすれば | 現象 | ←だとすれば | 現象 | ←だとすれば | 現象 |

| ? | ←だとすれば | 失業する | ←だとすれば | 会社がつぶれる |

プライマリ問題
可動率が落ちる →だとすれば 収益が下がる →だとすれば 競争に負ける ↑だとすれば

↑だとすれば

ラインが止まる ←だとすれば ネズミが機械に挟まる ←だとすれば 現象 ネズミがいる

79

現象「ネズミがいる」、だとすれば「機械に挟まる」、だとすれば「ラインが止まる」、だとすれば「可動率[注1]が落ちる」となる。可動率が落ちるのは量の生産性の問題だから、これはプライマリ問題である。

では問題をさらに遡るとどこに行き着くだろうか。「可動率が落ちる」、だとすれば「収益が下がる」、だとすれば「競争に負ける」、だとすれば「会社がつぶれる」、だとすれば「失業する」、だとすれば「……」となる。この後どうなるかは、試してもらいたい。

プライマリ問題は、当事者の立場で、いくつか出てくることになる。製造部門の担当なら、「可動率が落ちる」になるが、経理部門の担当なら、「収益が下がる」になるであろう。これらをプライマリ問題とするなら意味がある。しかし、「失業する」は、会社のプライマリ問題にはならない。ここからさらに遡っても、問題解決としての意味はなくなる。現状把握は、プライマリ問題で止めねばならない。プライマリ問題は何かを見極めることが、現状把握の要である。

● 間接部門では現状把握が重要

直接部門と間接部門では、問題解決の取り組みの重点が異なる。直接部門では、初めから、現象がプライマリ問題であることが多く、取り上げた理由で、問題の大きさと優先度を確認できれば、現状把握が不要な場合も多い。問題とわかっているなら、次にやるべきは、現状把握ではなく、要因解析になる。直接部門の改善報告を見ると、大半は、現状把握といいながら要因解析をしている。

一方、間接部門では、現状把握が最重要と言っても過言ではない。本

[注1]　可動率
　　　機械が動いている時間の割合。

5．QCによる問題解決の仕組み

当にプライマリ問題が起きているかを調べる必要がある。起きていることがわかれば、とりあえず問題解決の取り組みとしては、無駄にはならない。経営目線で問題を発見できれば、それだけで価値がある。自分で対策が無理なら、人に頼んでもよいくらいである。

　なお、現状把握でプライマリ問題まで遡ることが困難な場合は、プライマリ問題を意識した上で、手前の問題で止めることはやむを得ない。ただし、手前の問題が解決したらプライマリ問題が解決するという確信がなければならない。すべての問題をプライマリ問題まで遡ることは難しいが、探求する努力は必要である。それをやらないと、いつまで経っても、問題が解決したのか不明のままであり、対策の有効性を評価できない。

● 現状把握で問題であることのコンセンサスを得る

　現状把握は、プライマリ問題を明らかにすると同時に、問題であることのコンセンサスを得るために必要である。現象は、誰の目にも同じように見えるが、それが問題かどうかは、人によって捉え方が違ってくる。それを、生産性という視点で統一し、問題であることのコンセンサスを得なければならない。

　会社の問題解決では、ボトムアップで問題を取り上げるなら、現状把握によって、問題であることのコンセンサスを得ることが不可欠である。それがないと、問題であることの確信が揺らぎ、問題解決への協力も得られなくなる。ボトムアップなら、ネズミが生産性に影響しているか、ネズミを退治すべきか、調査が必要である。

　一方、トップダウンなら、現状把握は不要である。コンプラ問題と同様、直ちにその問題の要因を突き止め、対策すればよい。トップがネズミ退治を指示するなら、生産性を議論するには及ばない。

81

基礎研究等も、現状把握が不要な問題になり得る。独創的、革新的であるほど、生産性の議論に収まらず、従来の評価基準も通用せず、トップの判断が求められる。ワンマン経営は、現状把握が不要な分、意思決定が早く、うまくいけば非常に効率的だが、それだけトップの責任は重い。

5-2-3. 問題点

現状把握によって明らかになるのが問題点であるから、QCストーリーの頭に、問題点はこない。初めに「問題点」を掲げ、次に「現状把握」をしているQCストーリーを見かけるが、これらは、現状把握ではなく要因解析をしている場合がほとんどである。

いずれにしろ、QCストーリーの中で一番重要なのが問題点である。問題解決では、何が問題かを正しく認識することがすべてと言ってよい。問題の的が外れてさえいなければ、極論すれば、改善手法はなんだってかまわない。結果に再現性があり、対策を標準化できるなら、QC手法にこだわる必要もない。QC手法を使おうが使うまいが、問題解決すなわち改善結果が出ることが重要である。

逆に、的が外れていたら、何をやっても無駄である。改善報告を見るときは、まず問題点を確認すべきである。

● プライマリ問題を引き起こす現象が問題になる

自分が知覚した現象が、問題かどうかは、現状把握をして、初めてわかる。問題と思うなら、そこからプライマリ問題まで遡る現状把握が必要である。先ほどのネズミの例では、現状把握によって、ネズミがいるという現象が、可動率が落ちるというプライマリ問題を引き起こすこと

82

が明らかになった。そこで、ネズミがいることは問題になる。問題点は、「ネズミがいることで可動率が落ちる」である。

マニュアルがない、仕組みがない、データベースがない等は、問題ではなく現象である。本当に問題かどうかは、調べてみないとわからない。その現象によってプライマリ問題が起きているかどうかである。

● 問題のスケールを示す

問題点を示すとき、「○○が大きい」、「○○が高い」等の表し方をする場合が多い。このとき、大きい、高い等は、何を基準にしているのか、その判断基準を明らかにすることが重要である。

問題の分子（時間がかかる等）だけでなく、問題の分母（日当たり、月当たり等）も同時に示さなければ、問題の大きさを評価できない。特に、コストの問題に取り組むときは、無駄な対策をしないために、問題の分子、分母を示し、そのスケールを明らかにすることが大事である。同じ作業工数1時間でも、1人1日8時間に対する工数なのか、1人1年2,000時間に対する工数なのかで、問題のスケールが異なる。それが示されないと、本当に改善が必要なのか判断できない。

1時間の手作業をなくすために、1週間（40時間）かけて仕組み（プログラム）を作ったとする。この手作業が、日に1回（年間作業工数250時間）あるなら、この対策は有効だが、年に1回（年間作業工数1時間）なら、対策でプログラムを作る工数のほうが無駄になる。

手作業 1 時間/日 ➡ | 年間作業工数 250 時間 |　　手作業 1 時間/年 ➡ | 年間作業工数 1 時間 |

　部品コストを見るとき、A部品は1,000円で、日に10個使用なら、年間コストは2,500,000円（年間稼働日数250日とする）になる。一方、B部品は10,000円で、年に10個使用なら、年間コストは100,000円である。年間という分母を明らかにすれば、コスト削減は、A部品を優先すべきという判断ができる。

A部品1,000円×10個使用/日　＝ | 年間コスト2,500,000円 |

B部品10,000円×10個使用/年＝ | 年間コスト100,000円 |

5-2-4. 要因解析

　問題点が明らかになったら要因解析である。キーワード「なぜならば」を繰り返して、その問題を引き起こす要因を探り、解決するための対策を見つけることになる。

　QCに品質管理の立場から入ると、手法に関心が偏りがちで、中でも、要因解析は目玉であり、原因は何か、真因は何かという議論が華々しくなされる。しかし、人事の立場からすれば、要因解析の良し悪しには、それほど関心がない。QC手法を使うこと自体も、必須とは考えない。対策によって生産性が向上したか、改善したかどうかが、一番の関心である。どんなに立派な要因解析も、生産性向上という結果が出なければ意味がない。

5．QCによる問題解決の仕組み

〈対策を見つける〉

● 特性要因図

　QCでは、要因を遡る手法として、特性要因図、系統図、連関図等の様々な手法があるが、いずれも思考の過程を視覚化する、いわゆるロジックツリーである。その本質は、「なぜならば」を使うだけの話である。

　ここでは、特性要因図の使い方について簡単に解説しておく。特性要因図では、問題に対して、まず、人、物、金あるいは人、道具、方法といった要因を探すフィールドを設定する。このときの各フィールドは独立して重ならず、また各フィールドを合わせると要因に漏れがない状態でなければならない。

　フィールドが決まったら、各フィールドの中で、「なぜならば」を繰り返して要因を遡る。例えば、品質不良の問題で、「人」のフィールドから始めると、なぜ「人」に要因があるのか？　なぜならば「技能が未熟」である。なぜ「技能が未熟」なのか？　なぜならば「訓練が不足」……というように遡ることができる。

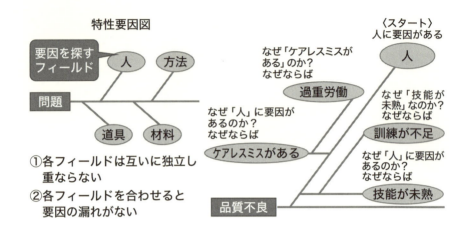

● 発生の問題と差の問題を見分ける

　問題には、不具合の発生そのものが問題になる場合と、不具合の差が問題になる場合がある。要因解析を行うときは、問題がどちらのパターンなのかを見分け、解析で混同しないように気をつけねばならない。

	パターン1：不具合の発生が問題	パターン2：不具合の差が問題
①質	部品Aの不良が発生すること	部品Aの不良が多いこと
②量	部品Aの欠品が発生すること	部品Aの欠品が多いこと
③納期	部品Aの納期遅れが発生すること	部品Aの納期が長いこと
④コスト	部品Aのコストが発生すること	部品Aのコストが高いこと

　パターン1は、部品Aの不具合の発生が問題になる。パターン2は、部品A、B、C、D……が、同じ設備、方法で作られているとき、その不具合の差が問題になる。

　パターン2の問題では、部品Aの不良発生の要因ではなく、部品B、

5．QCによる問題解決の仕組み

C、D……に比べて多い要因を探さねばならない。したがって、同じマシンで加工しているなら、マシンの精度が悪いことを要因とすることは誤りになる。マシンの精度は、部品A、B、C、D……のすべてに影響する要因だからである。

一方、部品Aの不良の発生そのものが問題の場合は、マシンの精度が悪いことを要因とすることは正しい。

● 原因とはコントロールできる要因のこと

QCの世界では、要因、真因、原因、根本原因等、様々な用語が飛び交っている。これらは、何が正しいかというより、言葉の定義の問題である。同じ言葉で、互いの定義が異なっているだけという認識がないまま、無意味な論争をしている例は多い。そのような無駄を避けるため、ここでは、要因と原因について、以下のように定義する。

　①要因：問題を引き起こすプロセス上のすべての因子
　②原因：要因のうち、人間がコントロールできる要因

すなわち、要因と原因の違いは、人がコントロールできるかどうかである。原因ならば、コントロール可能で、対策ができ、問題を解決できる。

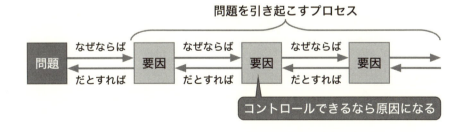

87

気温が低く道が凍っていたため、滑って転んだとき、要因解析をすれば、気温が低かったことは、転んだ要因になる。しかし、それを原因とはしない。気温はコントロールできず、対策できないからである。道が凍っていたことを原因とするなら、道の凍結防止という対策が可能になる。

　船が座礁した要因が舵の破損で、舵の破損の要因が嵐だとしても、嵐はコントロールできず、対策のしようがない。対策できない要因を見つけても無駄である。対策できる要因は舵の破損であり、舵の破損を防ぐ対策なら可能である。無駄な対策の議論にならないよう、要因と原因の違いを意識して要因解析すべきである。

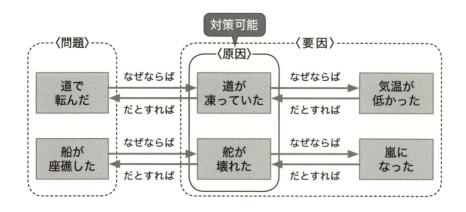

- 要因解析はプライマリ要因で止める

　要因を論ずるとき、人がコントロールできるかどうかが重要なポイントである。なぜなぜを5回以上繰り返せなどといわれるが、要因をコントロール可能かという視点で見れば、なぜなぜは多ければよいというものではない。

5．QCによる問題解決の仕組み

「なぜならば」を繰り返していくと最後はどうなるだろうか。先ほどのネズミの例で、現状把握の結果、「ネズミがいることは問題」ということが明らかになったとして、この問題の要因解析をしてみる。

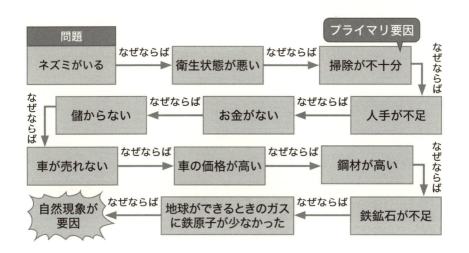

問題「ネズミがいる」、なぜならば「衛生状態が悪い」、なぜならば「掃除が不十分」、なぜならば「人手が不足」、なぜならば「お金がない」、なぜならば「儲からない」、なぜならば「車が売れない」、なぜならば「車の価格が高い」、なぜならば「鋼材が高い」、なぜならば「鉄鉱石が不足」、なぜならば「地球ができるときのガスに鉄原子が少なかった」、すなわち要因は「自然現象」で終わる。ここから無理やり、なぜなぜを繰り返せば、最後は、「神様の意志」という理由をつけなければ説明できなくなる。要因を遡るルートには、様々なバリエーションがあるが、最後は、必ず、自然現象に行き着く。なぜ飛行機が墜落したのか、なぜならば異常降下した、なぜならば重力がある、ということにな

る。

　科学は、物質を素粒子、生命をアミノ酸まで遡って、その生成の要因を明らかにしてきたが、どこまで遡ろうと、なぜ物質が、なぜ生命が生まれたのかという答えを明らかにすることは、原理的に不可能である。答えが、次の疑問を生むからである。物質、生命の起源の追求は、科学ではなく、哲学、宗教の領域であり、その領域まで要因を遡っても対策には結びつかない。

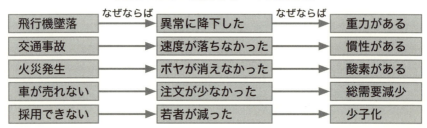

　そこで、要因解析では、コントロールできる要因、すなわち対策可能な要因のところで、なぜなぜを止める必要がある。その要因のことを、「プライマリ要因」と名づける。プライマリ要因とは、問題を解決しようとする当事者が、自分で対策できる要因のことである。
「掃除が不十分」という要因には、「掃除をする」という対策を立てられるから、プライマリ要因になるが、「鉄鉱石が不足」には、対策のしようがないから、プライマリ要因にはならない。
　なお、当事者の立場によって、ある人には対策可能なプライマリ要因でも、別の人には対策できないため、プライマリ要因ではないということはあり得る。自分では、「掃除が不十分」にしか対策できないが、上

5．QC による問題解決の仕組み

司なら、「人手が不足」に対策できるかもしれない。

　いずれにしろ、要因解析は、人が対策できる範囲、すなわちプライマリ要因の範囲内で議論しなければならない。対策できるか、できないかの見極めこそが、要因解析の要である。

● プライマリ要因を意識し無駄な要因解析を防ぐ

　要因解析では、なぜなぜを繰り返していくと、最後は、前述のように自然現象になるし、その前に問題との結びつきが希薄になる。プライマリ要因を意識し、なぜなぜをどこかで止めないと無駄な解析をすることになる。

　特性要因図は、問題と要因が魚の骨でダイレクトにつながる構造になっており、要因が常に問題に直接結びつくことを意識させられる。そこで、要因からダイレクトに問題につながることをイメージできなくなったら、その要因は問題から遠ざかっていると判断すべきである。「改善は、現場から離れてはならない」といわれるのは、このことである。

　品質不良の問題の要因を遡ると、なぜならば「技能が未熟」、なぜならば「訓練が不足」、なぜならば「教える人がいない」、なぜならば「人を増やせない」、なぜならば「利益が出ない」、なぜならば「売上が上がらない」……というように、品質不良との因果関係が希薄になる。このような要因に対策しても、その効果は期待できないと考えるべきである。この場合、「教える人がいない」あたりをプライマリ要因として、なぜなぜを止めるべきである。

91

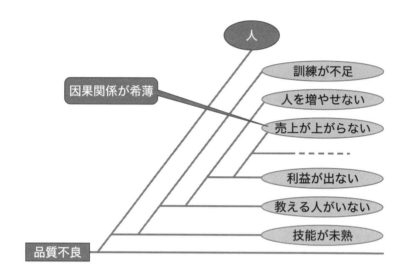

　また、真因は何かということで、「教える人がいない」、なぜならば「教育への意識が低い」等へ遡る例も見られるが、どのような問題も、要因を遡れば、どこかで、「意識」に辿り着く。「意識」を真因にするなら、わざわざ要因解析をするまでもない。真因にこだわって、無駄な要因解析をしないように気をつけたい。

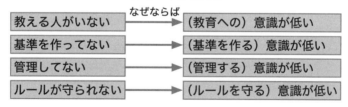

5．QCによる問題解決の仕組み

● 原因の必要条件はプライマリ要因であること

　原因は、人間がコントロールできる要因であるから、プライマリ要因であることが必要条件になる。福島の原発は、電源装置が破損したことで冷却できなくなり、メルトダウンに至った。この破損の要因が地震なのか津波なのかで議論になっているが、そのような議論は意味がない。どちらが要因でもその発生を止めるわけにはいかない。人がコントロールできない要因まで遡っても対策にはつながらない。対策できること、人ができることは何かを議論すべきで、それが本当の原因究明である。

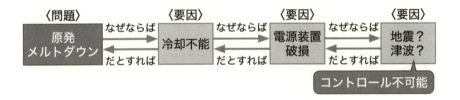

　マスコミでは未だに、あの原発事故の原因は不明などという論調が見られるが、対策できるかという視点で考えれば、原因は明らかである。電源が失われたら自動的に冷却する仕組みを作らなかったこと、すなわち、設計思想、設計の不備が原因である。原発の暴走を人間が作業して回避しなければならないような設計が間違いである。電気ストーブやコタツには、過熱したら自動的に溶けて電流を遮断し火災を防ぐ温度ヒューズがついている。フェールセーフは、機械設計の基本だが、メルトダウンは、原発に、それがなかったことを明らかにした。暴走が自動で止まらないのは、今の原発の本質的な欠陥である。東電の幹部が、過酷事故の訓練が不十分だったという反省を述べているが、メルトダウンは、訓練でどうこうするような問題ではない。

原発に必要なのはヒューズである。そう考えれば、海底原発[注2]の発想自体は理解できる。今後も原発に頼るなら、放射性廃棄物処理の問題は別にして、設計思想の根本的な見直しが必要である。

　原因は想定外の津波ということで、東電の幹部は、一旦は不起訴になったが、原発が電源を失うことによる破滅的リスクは、専門家なら予測できることで、けっして想定外ではない。リスクの大きさを評価すべきは、津波ではなくメルトダウンであり、議論すべきは、安全審査基準ではなく、設計思想である。想定内の地震、津波なら安全という考え方が誤りである。何があってもメルトダウンを起こさない仕組みを考えるべきである。

● 「要因解析」と「現状把握」は逆方向だが手順は同じ

　問題と要因を分けて説明してきたが、元々、問題と要因は表裏一体のものである。「衛生状態が悪い」という現象は、「ネズミがいる」という問題に対しては要因だが、「掃除が不十分」という要因に対しては問題になる。

　そこで、「要因解析」と「現状把握」の関係を見ると、現象に対して、方向は正反対だが、どちらも要因あるいは問題に遡る手順ということでは同じである。要因を追求するのが要因解析、問題を追求するのが現状把握である。要因解析は、問題に対して、「なぜならば」を繰り返して、要因に遡る。一方、現状把握は、要因に対して、「だとすれば」を繰り返して、問題に遡る。

[注2]　海底原発
　　　初めから水没していることで、何が起きても必ず冷却され、メルトダウンという最悪の事態を免れる。

5．QCによる問題解決の仕組み

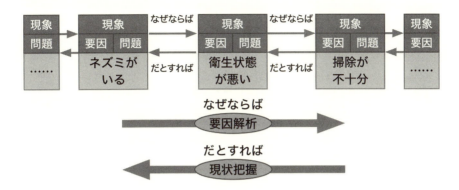

● 因果の連鎖を確認

　問題解決の報告をQCストーリーにまとめるときは、要因解析と現状把握が正しく行われているかを確かめる必要がある。プライマリ問題からは要因解析によってプライマリ要因に至り、プライマリ要因からは現状把握によってプライマリ問題に至る。すなわち、要因解析と現状把握は、プライマリ問題とプライマリ要因の間で因果の連鎖を作っている。QCストーリーでは、この連鎖が矛盾なく成り立っていなければならない。

　ネズミの例では、プライマリ問題「可動率が落ちる」からは、なぜならば「ラインが止まる」、なぜならば「ネズミが機械に挟まる」、なぜならば「……」となって、プライマリ要因「掃除が不十分」に至る。一方、プライマリ要因「掃除が不十分」からは、だとすれば「衛生状態が悪い」、だとすれば「ネズミがいる」、だとすれば「……」となって、プライマリ問題「可動率が落ちる」に至る。

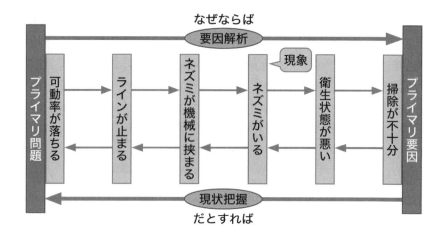

　要因解析あるいは現状把握では、論理的な思考能力を試される。俗に言うロジカルシンキングである。QC手法を使うということは、ロジカルシンキングの訓練でもある。問題と要因の間で、「なぜならば」と「だとすれば」の両方で因果の連鎖が成り立つことを確かめてもらいたい。

5-2-5. 対策

　ネズミがいる問題では、そのプライマリ要因である「掃除が不十分」という現象を取り除くこと、すなわち、「掃除を十分にする」が対策になる。要因解析が完成していれば、プライマリ要因を取り除くことが、直ちに、対策になる。

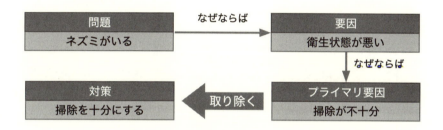

　原因が、コントロールできる要因である限り、その現象を取り除く対策が可能である。それで結果が出ないなら、要因を誤っていることになる。対策できないことを原因としてはならない。ネズミがいる原因は、「掃除が不十分」であって、「鋼材が高い」や「鉄鉱石が不足」ではない。凍った道で滑って転んだ原因は、「道が凍っていた」であって、「気温が低かった」ではない。船が座礁した原因は、「舵の破損」であって、「嵐」ではない。原発メルトダウンの原因は、「設計の不備」であって、「地震」や「津波」ではない。

　世の中では、対策できないにもかかわらず、原因と呼んでいる例が多い。原因の中身をよく調べるべきである。「雨が降った要因は低気圧である」はよいが、「雨が降った原因は低気圧である」と言うべきではない。低気圧に対策することはできない。天気予報の、なぜ雨になるのかという解説は、雨の原因ではなく、雨と予想する理由、すなわち要因を

示しているだけである。

　QC教育では、他責（他人の責任）の要因ではなく、自責（自分の責任）の要因を選んで対策するようにと指導するが、大事なのは、コントロールできる要因かどうかである。他責でも、他の人が対策でき、問題解決に有効なら、自責にこだわることはない。できる人に協力を求めればよい。

　なお、対策でも、ロジカルシンキングが問われる。「事務処理工数が多い」という問題で、「処理プロセスが見えない」というプライマリ要因を導いたとする。これを取り除く対策は、「見える化」であって、「シンプル化」ではない。対策「シンプル化」は、「処理プロセスが複雑である」までプライマリ要因を遡らなければ出てこない。

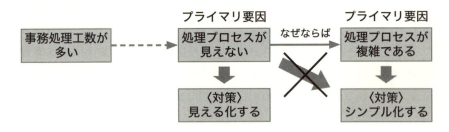

● 対策は選択

　通常、対策は、複数ある場合が多いが、要因解析をいくら精緻に行っても、正しい対策の結論が出るわけではない。何が正しいかではなく、状況によって、何を選択するかである。再現性、汎用性、確実性等、何を優先して考えるかである。

　床で滑って転んで怪我をしたとする。その要因解析で、靴が滑り易かった、床に油がこぼれていた、機械から油が漏れていた、機械を点検しなかった、点検ルールがなかった等、いずれも原因になる。これにつ

5．QCによる問題解決の仕組み

いて、どれが真因だ、根本原因だと議論しても意味がない。対策として、「滑り難い靴を履く」、「床を掃除する」、「油漏れを防ぐ」、「機械を点検する」、「点検ルールを作る」等は、どれも有効である。今すぐ必要な対策は、「床を掃除する」ことである。対症療法が必要な場合もある。次が「機械の油漏れを防ぐ」になる。さらに横展開して、「すべての機械を点検する」。そして、「管理マニュアルに油漏れの点検を記載する」ことも対策になる。一方、どこへ行っても滑らないようにするためなら、「滑り難い靴を履く」が対策になる。目的を達成できれば、対策としては、どれも間違いではない。

　荷物を配達する業務で、「配達し忘れた」という問題に対し、なぜならば「荷物を見落とした」、なぜならば「荷物を確認しなかった」を原因とするならば、「確認を徹底する」という担当者レベルの対策になる。一方、なぜならば「他の荷物に紛れていた」、なぜならば「荷物が小さかった」を原因とするならば、「荷物を大きくする（大きな箱に入れる）」という会社レベルの対策になる。担当者、部、会社、どのレベルで対策するか、何を優先するかは、選択であって、要因解析で決まるものではない。

● 対策は要因の言葉の使い方で変わる

　対策は、要因の言葉の使い方で変わることがある。ある品質問題が発生し、要因解析したとする。なぜ品質問題が発生したのか、なぜならば「実験部が試験しなかった」、なぜならば「設計部が試験を依頼しなかった」、なぜならば「実験部が試験することになっている」であれば、すべて実験部の責任で、設計部では対策することがなくなる。

　しかし、なぜならば「実験部が試験することになっていると思った」であれば、設計部側が、思い込みで試験を依頼しなかったことが原因と

99

なり、設計部の責任になる。この場合は、設計部のほうで、試験の依頼を徹底するという対策が出てくる。語尾のわずかな違いで、責任の所在と対策が変わってくる。

要因として取り上げるとき、事実と思い込みを混同していないか、言葉をよく吟味して使い分けるべきである。

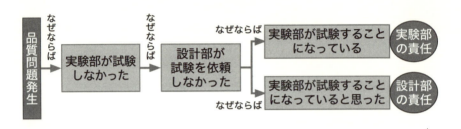

● 対策の前に因果関係を調べる

物理現象のような、因果関係が明らかなプロセスを除いて、一般的に、要因解析で導かれる因果関係は、仮説のプロセスである。物理現象ならば、因果のプロセスの中から、コントロールできる要因を見つけて対策すればよい。しかし、仮説のプロセスでは、それを見つけても、あくまでも原因の候補であり、対策して問題が解決するかどうかはわからない。このような場合は、無駄な対策をしないために、その対策で結果が出るか、すなわち対策（原因）と結果に、本当に因果関係があるかを、事前に調べる必要がある。

ネズミの例では、「掃除が不十分」は、対策できるから、原因の候補だが、ネズミがいることとの因果関係は不明である。掃除を十分にすればネズミがいなくなるというのは仮説である。これが正しいかどうかは、他の事例を調べねばならない。ネズミの例なら確かめるまでもないが、もっと複雑な問題になると、その対策が本当に有効かどうかわから

5．QC による問題解決の仕組み

ない。文献、専門家の意見、過去の事例等から、同じような問題で対策して効果があったか確認すべきである。

　ただし、因果関係の確認は、簡単ではない。特に社会科学系の問題では、因果が証明されていない場合がほとんどである。そのような場合は、関係者のコンセンサスで因果関係の確信を得るしかない。(注3) それが得られない場合は、最終的には、リーダーの直感に委ねることになる。リーダーには、因果関係の有無、すなわち対策の良し悪しを見分ける能力が求められる。

　なお、簡単な対策なら、事前調査に時間をかけるより、実験のつもりで対策してみるほうが効率的である。それで効果があれば、とりあえず、対策は有効で、因果関係の可能性が示されたことになる。

● SQC を使う意味

　対策を見つける手法として SQC (注4) がある。コストがかかる対策の場合、その選択のために、SQC で時間をかけて解析することは意味がある。しかし、簡単な対策なら、SQC で検討に時間をかけるより、対策で実験したほうが早い場合も多い。

　SQC も、結果を出すことが目的であって、使うことが目的であってはならない。SQC を使う場合、SQC ならではの結果が得られるか考えるべきである。オリンピックで優勝した選手を調べたら身体能力が高かったなどという結果を、SQC で出しても意味がない。初めから相関

(注3)　コンセンサスで因果関係の確信を得る
　　　その対策で結果が出るという関係者の共通認識に疑いようがないなら、因果関係があると判断する（いわゆる現象学的アプローチ）。

(注4)　**SQC: Statistial Quality Control**（統計的品質管理）
　　　統計学を活用して要因を探る手法。

IOI

が明らかな事象を、SQC で解析しても時間の無駄である。演繹的に相関関係が明らかなら、わざわざ SQC で確認するまでもない。

インフルエンザが流行ってくると風邪薬の売上高が増えてくる。インフルエンザの流行と風邪薬の売上高には相関関係がある。すなわち、風邪薬の売上高の変化からインフルエンザの流行を予測できる。この予測ができることは演繹的に明らかであり、この結果を導くだけなら、SQC で解析するまでもない。

SQC を本当に使うなら、風邪薬の種類や量、患者の症状等まで調べて、どのような型のインフルエンザが流行り出すかを予測できるようになるべきである。これなら、SQC を使う意味がある。

● 対策の効果を確認する

マニュアルを作れば生産性が上がる、コミュニケーションを良くすれば生産性が上がる等、仮説でも、因果関係のコンセンサスが得られれば対策には移れる。ただし、その対策によって、本当に生産性が上がったか、すなわち、時間外が減った、経費が減った等の結果が出ているか、確認が必要である。

未開人は、雨が降らないのは、祈りが足りないのが原因であるというコンセンサスに基づいて、雨乞いの踊りをする。マニュアル作りやコミュニケーション向上に反対する人はいない。だからこそ、雨乞いの踊りになっていないか、結果の確認が大事である。それをしない限り、対策の有効性を評価できない。

コンセンサスと同様、一般論としての因果関係に基づく対策についても、自分の課題で有効か、確認すべきである。これを怠ると、やはり、無駄な対策を進めることになりかねない。

CAE を活用すれば、実験や試作の工数を削減でき、開発コストを低

減できるという因果関係が知られている。これが、自分が担当する課題へのCAEの活用でも成立しているかを確認すべきである。実験したほうが、早くて安いということがあるかもしれない。CAEも道具であり手段である。それを使うことが目的になってはならない。目的は何かを常に意識し、そのために、道具として何を使うかを考えるべきである。

5-2-6. 結果

結果とは何かを理解していないと、的外れな結果報告になる。結果とは、対策後にプライマリ問題がどうなったかを確認することである。

ネズミの例では、プライマリ問題である「ライン停止10分」が、対策「掃除を十分にする」によって、「ライン停止2分」になったことを確かめることである。ネズミが30匹から5匹に減ったことを確かめるのは結果ではない。

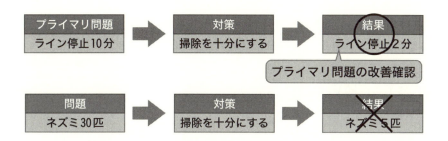

対策としてマニュアルを作ったなら、それによってどのくらい生産性が上がったか、すなわち、「工数が減った」、「クレームが減った」等の結果を報告しなければならない。「マニュアルを作った」というのは、結果ではなく、手段を報告したに過ぎない。

手段を実行しても、生産性がどうなったかを調べない限り、結果の報告にはならない。

● 会社の問題解決である限り生産性が問題になる

QCサークル活動で組織の活性化を図ることに異論はないが、その結果としての生産性の向上が必要である。「……のマネジメント力強化」、「……のコミュニケーション改善」等のテーマにQCで取り組むならば、結果として、「工数が減った」、「残業が減った」等の効果が出たか確かめるべきである。生産性を考えないQC活動は、お祭りになる。真の仕事、真の効率化を目指すなら、生産性を意識した問題解決が不可欠である。

改善活動というと、テーマを作るために、先に手段を考え、後から、その目的を考えるというケースが見られる。ネズミ退治を先に思いつき、その理由づけのために、目的は生産性の向上とするような例である。もしネズミ退治をテーマにするなら、それによって生産性が向上したかを確かめて報告すべきである。

QC活動で問題解決に取り組み、新たな付加価値を生み出したいというなら、どのようなテーマでも、最後は生産性を問わねばならない。QCによる問題解決では、自分の仕事がどのように生産性の向上に寄与しているかを意識させられる。プライマリ問題が、改善前と改善後でどうなったかを明らかにしなければ、QCストーリーは作れない。

QCは、生産性の測定に始まり、生産性の測定で終わる。現状把握では、問題、すなわち、損失額、クレーム件数、納期遅れ等がどうなのかを測定し、結果では、それがどうなったかを測定する。繰り返すが、マニュアルの有無や仕組みの良し悪しを調べるのは、現状把握でも結果でもない。会社の問題解決である限り、生産性を問題にしなければならな

5．QCによる問題解決の仕組み

い。

● 問題解決の本質的な目的を意識する

　エンジニアが、「……の応力低減」、「……の振動低減」等のテーマにQCで取り組むなら、やはり、生産性を問うことが必要である。単に、「応力が下がった」、「振動が低下した」というのは、学術テーマの報告であって、問題解決の報告ではない。

　応力、振動等は、開発では問題だが、会社の視点では問題ではない。これらのテーマに取り組むなら、問題解決の結果として、「コストが下がった」、「クレームが減った」等の、会社としての生産性向上がなければならない。企業における研究は、大学と異なり、生産性と不可分である。研究発表会なら、学術テーマでもかまわないが、問題解決の報告会なら、生産性をテーマにしなければならない。

　QCで問題を解決するということは、開発の問題を会社の問題に引き上げることである。財務の役員に、開発予算の決裁を得るとき、応力や振動等の開発レベルの問題で説明し、理解を求めても、承認を得ることは難しい。このとき、品質や納期等の会社レベルの問題で説明すれば、理解が進み、決裁の意思決定は早まる。開発目線ではなく、経営目線で説明すべきである。目線は異なっても、やることは同じである。同じや

105

るなら、視点を高くして取り組むべきである。

　学術テーマを問題解決の報告にするのは、難しいことではない。応力を低減したなら、それによって、例えば、品質問題がどうなったかを報告すればよいだけである。現状把握では、応力の現状に、品質問題の現状を加え、結果では、応力低減で、品質問題が解消したかを追加すればよい。応力低減の報告の前後に、品質問題を加えるだけで、対策の中味、やることは変わらない。問題解決の本質的な目的を意識して報告すればよいだけである。

〈学術テーマの報告：○○部品の応力低減〉

〈問題解決の報告：○○部品の応力低減による品質問題の解消〉

● 仕事の質も生産性で評価

　「応力や振動を低減することは、設計の仕事の質の向上という問題解決ではないか」と問われることがある。応力低減や振動低減を開発部門のミッションとするなら、その解釈も成り立つように見える。

　しかし、人事部のミッションは、モチベーションの向上であって、賃金制度の見直しではないのと同様、開発部門のミッションは、商品力の強化であって、応力や振動の低減ではないはずである。すなわち、モチベーション向上や商品力強化には、生産性向上との因果関係のコンセンサスがあるが、賃金制度見直しや応力低減、振動低減にはない。

5．QC による問題解決の仕組み

　要は、賃金制度見直しが生産性向上に結びつくとは限らないのと同様に、応力低減や振動低減も、そうなるかは、わからない。生産性の観点からは、応力や振動を低減すること自体は、仕事の質の向上にはならない。

　設計の仕事の質が向上したかどうかは、品質問題や設計のやり直し等がなくなるかどうかで評価される。仕事の質を問題にするなら、それを定量的に評価できる生産性の指標（クレーム件数、設変件数、出図納期等）を作って、問題解決に取り組むべきである。

● 成果とは生産性の向上

　営業や製造、調達等の部署と比べると、管理部門や、特に、メンテナンス主体の部署では、生産性と縁遠く、問題解決の実践が難しいように見える。しかし、どのような業務でも生産性と結びつけることは可能だし、そうすべきである。

　メンテナンス業務であっても、問題を発見する努力をすれば、問題解決を実践できる。掃除の仕事なら、その工数を削減できれば、生産性の向上であり、問題の解決である。営業や開発でないと成果を出せないと思うのは、何が成果かわからないことによる誤解である。成果とは生産性の向上であり、むしろ、ルーチンワークが主体の職場は、宝の山である。工数削減や無駄の排除、リードタイムの短縮等のテーマはいくらでも転がっている。

　最近、日本企業の成果主義は失敗だったという意見を見受けるが、失敗なのは、成果とは何かを明らかにしないまま評価しようとしたことである。営業なら売上等で成果を評価できるが、管理部門では何が成果かがわからない。結局、成果を公正、公平に評価できず、社員のモチベーションを落とす結果になったのである。

107

成果を評価するというなら、成果とは生産性の向上であるという認識を広めることから始めるべきである。営業でも、売上が横ばいなら、経費を下げる改善が成果になる。目標の立て方を間違えなければ、成果は上げられる。成果を、そのように理解するならば、どのような部門、業務であっても、成果を出せるし、評価も可能である。

5-2-7. 標準化

QCストーリーの最終ステップである。結果を出したら、最後は標準化まで進めてもらいたい。標準化とは、ひとりの知恵を皆の財産にすることである。

ネズミの例では、対策「掃除を十分にする」という知恵を、「掃除の道具や方法、頻度」等にまとめて書き残すことである。対策によって問題が解決したという結果を含めて、報告書にまとめ、財産として残すことに意味がある。

作業を改善すると仕事になり、仕事を標準化すると財産になる。設計図やマニュアル、報告書等は、先輩が残してくれた財産である。それを利用することから、作業が始まる。作業から仕事、そして財産へとスパイラルアップし、後輩に伝えられるようにしたい。

仕事のスパイラルアップは、武道、茶道等の修行の守破離である。初めは、前任者を真似、やがて習熟し、前任者のレベルに達したら改善を加え、最後は超えなければならない。間接スタッフ、中でもエンジニアには、伝承と創造が求められる。

- 守：型通り作業する（伝承）
- 破：型を改善する
- 離：新たな型を作る（創造）

5．QCによる問題解決の仕組み

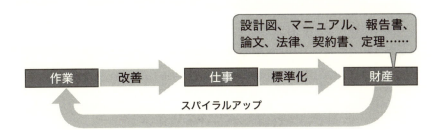

● 結果の再現性を保証するのがQCの問題解決

　結果が出ても、対策による効果なのか、その他の変動要因による影響なのかがわからなければ、標準化には行き着かない。ある対策で時間外が減ったら、その対策が効いたのか、生産量、仕事量の影響なのかを見極めねばならない。車がたくさん売れたなら、それは営業の努力なのか、商品が良かったのか、景気の影響なのかを確認しなければならない。

　研修事例の中には、「マニュアル作成による業務の効率化」、「コミュニケーション向上による業務の効率化」等のテーマを見かける。これらのテーマに、マニュアルやコミュニケーションと効率化との因果関係を確認するつもりで取り組むならよい。その場合、テーマに取り組んだことで効率化したかを調べ、報告する必要がある。QCの問題解決ならば、取り組みと業務の効率化との因果関係を問われる。

　マニュアルを作りました、コミュニケーションが良くなりましたという報告だけでは、QCではない。効率化したか確認せずに報告するということは、QCをわかっていない。わかっていないから、QCもどきで取り組む結果、研修のための研修になって時間をロスする。結局、QCとは正反対の思考パターンを身につけてしまうことになる。

　対策が本当に有効か判断できなければ、財産にならない。対策と結果

の因果関係を確認し、結果の再現性を保証するのが、QC の問題解決である。

● プロセス評価も結果が大事

　単に、結果よりプロセスを重視するというだけでは、プロセス評価ではない。結果が出たとき、それが偶然なのか、それとも対策の結果なのかを見極めるのがプロセス評価である。要は、対策と結果の因果関係の確認である。

　目標未達でも、対策しなければ、もっと結果は悪かったということであれば、対策は有効ということになる。結果の絶対値ではなく、変動を評価するのがプロセス評価である。安全を担当する部署のミッションは、当然、災害ゼロである。そこで、災害ゼロという結果が出たとき、今までと同じ施策のまま、たまたま災害ゼロだったのか、それとも、新たな施策の効果でそうなったのか、これを見極めるのがプロセス評価である。

　プロセス評価では、結果の普遍性、再現性を重視する。工数を減らすという結果を出すために、作業をしないという対策では話にならない。生産性を上げるために仕事を止めるという活動がある。確かに一時的に生産性は上がるが、なんら改善になっていない。真に生産性を上げるなら、止めるという手段を指示するのではなく、生産性を上げるという目的を指示し、そのための手段を考えさせるべきである。もし、手段として仕事を止めるなら、止める仕事と止められない仕事を見分ける基準を作り標準化すべきである。これなら評価に値する。標準化できる形で生産性を上げたかを評価するのがプロセス評価である。

　いずれにしろ、結果を調べなければ、プロセス自体の良し悪しは評価できない。結果を見ずに、よく頑張ったと評価するのは、プロセス評価

5. QC による問題解決の仕組み

ではなく、花マル評価である。いわゆる情意評価は、高いモチベーションが生産性向上につながるという前提だが、それが前面に出過ぎると、頑張りをアピールすることが助長され、時間外が増え、かえって生産性を落とすことになる。情意評価も、最後に見るべきは、生産性である。

5-3. 開発型問題解決法

改善というと、問題が起きてから、何が原因か、なぜなぜと考える発生型が定番である。一方、開発型は、目標に対して、そのために何をするかと考える。開発型は、目標の達成が改善になる。

このアプローチは、トラブルの未然防止にも有効である。問題の解消だけが改善ではない。問題が起きる前に、リスクを事前に予測して対策し、損失を防いで生産性の低下を回避したなら、これも改善である。未然防止は、つい後回しになりがちだが、起きてからでは手遅れである。環境変化や災害等に備えるための改善は、もっと評価されてしかるべきである。

経営環境の様々な変化に対して、何が起きても対応できるように、今後は、開発型の改善が重要になる。BCM (注5) は、このパターンで、リカバリーに強くなる改善である。起きてからではなく、起きる前に、そのためにと考える改善に取り組んでもらいたい。

(注5) **BCM: Business Continuity Management** (事業継続マネジメント)
災害等の危機発生時に、企業が事業継続を図るための経営手法。

5-3-1. 目標を立てることが開発型の現状把握

開発型も現状把握が必要である。発生型の現状把握では、質、量、納期、コストのプライマリ問題を明らかにしたが、開発型では、質、量、納期、コストの改善の目標を明らかにする。すなわち、生産性向上の目標で、これをプライマリ目標と呼ぶ。開発型の現状把握では、問題の解決により達成されるプライマリ目標を立てることがポイントになる。

良いデザインの車を作ることは、デザイナーにとっては目標になるが、企業にとっては収益を上げるための手段である。良いデザインかどうかは、デザイナーではなく、お客が判断するのであり、最終的には、売上で評価される。

そこで、「良いデザインの車を作る」という開発型問題を取り上げるならば、良いデザインの車なら、これくらい売上を増やせるという可能性（プライマリ目標）を明らかにしなければならない。これは、開発コスト、販売台数等を計画する原価企画といわれる仕事になる。

事業計画を作るときも、目的は、当然、収益の向上であり、計画が実行されたときの収益を予測し目標を立てることが企画の仕事である。限られたインプットで実現可能な最大のアウトプットの目標を作れることが、企画部門の力量といえる。開発型問題に対しても QC のアプローチで目標をシビアに見極めないと生産性は上がらない。

5．QCによる問題解決の仕組み

● 開発型の現状把握のキーワードは「それにより」

発生型の現状把握では、現象を遡ったが、開発型では、行為を遡る。その遡りのキーワードが「それにより」である。「良いデザインの車を作る」という行為を遡ってみよう。

「良いデザインの車を作る」、それにより「車をたくさん売る」、それに

113

より「売上を増やす」、それにより「利益を増やす」となる。
「車をたくさん売る」、「売上を増やす」、「利益を増やす」は、いずれも生産性の向上であり、プライマリ目標になる。どれにするかは、立場による選択である。
「利益を増やす」からは、さらに、それにより「賞与を高くする」、それにより「高収入を得る」、それにより「……」と遡ることができる。しかし、「賞与を高くする」、「高収入を得る」は、生産性の目標ではない。これらは、個人の目標にはなるが、会社の目標にはならない。すなわち、プライマリ目標を、さらに遡っても、問題解決としての意味はなくなる。開発型の現状把握は、プライマリ目標で止めねばならない。

● プライマリ目標を達成できる行為が目標になる

　ある行為がプライマリ目標を達成するなら、その行為は目標になる。良いデザインの車を作るという行為によって、売上を増やすというプライマリ目標を達成できることがわかったら、良いデザインの車を作るという行為は目標になる。問題解決の目標は、「良いデザインの車を作ることで売上を増やす」である。

　オーディオの音質を高める、良いマニュアルを作る等も行為である。これらの行為が目標になるかは、調べてみないとわからない。それを調べるのが、開発型の現状把握である。調べた結果、オーディオの音質を高めることで売上を増やせる、良いマニュアルを作ることで工数を削減

5．QC による問題解決の仕組み

できる等の生産性の向上がある、すなわちプライマリ目標を達成できるとわかったなら、オーディオの音質を高めること、良いマニュアルを作ることは目標になる。

● 開発型の現状把握はプライマリ目標まで遡る

開発型の問題を思いついたとき、それがプライマリ目標なら、後は、それを達成する手段を見つければよい。しかし、プライマリ目標でなかったなら、そこから、「それにより」のキーワードでプライマリ目標まで遡る現状把握が必要である。

あるべき姿は、プライマリ目標でなければならない。「マニュアルを作ること」で止まってはならない。マニュアルを作るなら、それによって何を目指すかを明らかにしなければならない。プライマリ目標まで行き着かなければ、遡りが足りない。目指すプライマリ目標が、マニュアルを作らなくても達成可能なら、マニュアルを作ること以外の手段も考えられる。問題意識が、プライマリ目標ではないあるべき姿で止まっていては、問題解決にはならない。

発生型で、プライマリ問題まで遡ることが難しい場合があるのと同様に、開発型でも、プライマリ目標まで遡ることが困難な場合がある。この場合、プライマリ目標を意識した上で、手前の目標で止めることはやむを得ない。ただし、手前の目標を達成したらプライマリ目標が達成されるという確信が必要である。そして、その確信が正しいか、常にチェックすべきである。プライマリ目標がどうなったかを調べなければ、問題が解決されたかわからない。

115

5-3-2. 開発型問題は手段案出で解決

　開発型の問題解決では、発生型における要因解析の代わりに手段案出を行う。要因解析では、問題に対して、「なぜならば」を繰り返して問題を解消するための対策を見つけたが、手段案出では、目標に対して、「そのために」を繰り返して、目標を達成するための対策を見つける。

〈対策を見つける〉

　手段案出も、その本質は、「そのために」を使うだけで、手法はなんでもかまわない。ここでは、手段案出の一般的な手法として、系統図を紹介しておく。系統図では、複数のルートで様々な手段を導く。それを、効果やコスト等で評価し、対策として、どれを採用するかを決めることになる。

①目標を達成するための手段を案出
②案出した手段を、効果、即効性、持続性、コスト等により評価

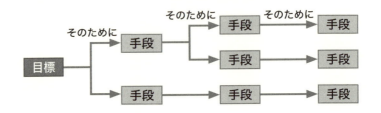

5．QCによる問題解決の仕組み

● 手段案出はプライマリ手段で止める
「良いデザインの車を作る」を目標にして手段を導いてみよう。

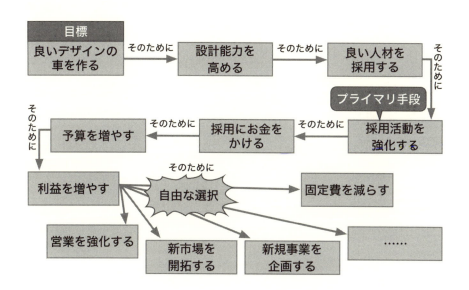

　目標「良いデザインの車を作る」、そのために「設計能力を高める」、そのために「良い人材を採用する」、そのために「採用活動を強化する」、そのために「採用にお金をかける」、そのために「予算を増やす」、そのために「利益を増やす」、そのために「営業を強化する」、あるいは「新市場を開拓する」、あるいは「固定費を減らす」、あるいは「……」となり、様々な手段を考えることができる。

　手段案出では、「そのために」を繰り返すと、最後は、手段の選択肢がいくらでも広がり自由になる。要因解析は、現象に対する要因の追求であり、要因は人間の自由にならないが、手段案出は、行為に対する手段の追求であり、手段は人間の意志によって如何様にもなる。

手段案出も、どこかで止める必要がある。それがプライマリ手段である。要因解析では、導いた要因の中で、対策できる要因のことをプライマリ要因と呼んだが、手段案出では、導いた手段の中で、対策できる手段のことをプライマリ手段と呼ぶ。プライマリ手段とは、問題解決の当事者が、自分で対策できる手段のことである。ここで手段の遡りを止めないと、当事者にはできない意味のない手段案出に陥ることになる。

　プライマリ手段は、当事者の立場によって、様々な手段が考えられる。「採用活動を強化する」、「採用にお金をかける」等は、対策可能な手段であるから、プライマリ手段になる。どれをプライマリ手段にするかを決めるのは、やはり、立場による選択になる。

● 「手段案出」と「現状把握」は逆方向だが手順は同じ

　要因解析に出てくるのは「現象」の言葉であるが、手段案出に出てくるのは「行為」の言葉である。要因解析では、同じ現象が「問題」であると同時に「要因」になっていたが、手段案出では、同じ行為が「目標」であると同時に「手段」になっている。

　「設計能力を高める」という行為は、「良いデザインの車を作る」という目標に対しては手段だが、「良い人材を採用する」という手段に対しては目標である。

　発生型の「要因解析」と「現状把握」は、現象に対して、方向は正反対だが、どちらも、要因あるいは問題に遡る手順ということでは同じであった。同様に、開発型の「手段案出」と「現状把握」は、行為に対して、どちらも、手段あるいは目標に遡る手順ということでは同じである。手段を追求するのが手段案出、目標を追求するのが現状把握である。手段案出は、目標に対して、「そのために」を繰り返して、手段に遡る。一方、現状把握は、手段に対して、「それにより」を繰り返して、

5．QCによる問題解決の仕組み

目標に遡る。

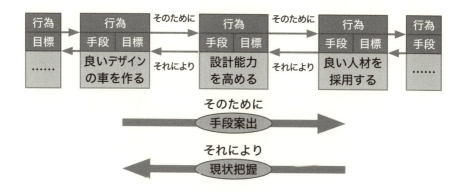

● 開発型も因果の連鎖を確認

　開発型も、QCストーリーにまとめるときは、手段案出と現状把握が正しく行われているかを確かめる必要がある。開発型では、プライマリ目標とプライマリ手段の間で、「そのために」と「それにより」の両方で因果の連鎖が成り立っていなければならない。

　良いデザインの車の例では、プライマリ目標「売上を増やす」から、そのために「車をたくさん売る」、そのために「良いデザインの車を作る」、そのために「……」となって、プライマリ手段「採用活動を強化する」に至る。

　一方、プライマリ手段「採用活動を強化する」から、それにより「良い人材を採用する」、それにより「設計能力を高める」、それにより「……」となって、プライマリ目標「売上を増やす」に至る。

　なお、手段案出も、要因解析と同様、手段と目標の因果関係は仮説である。対策する前に、プライマリ手段が有効な対策か見極めねばならない。採用活動を強化すれば、良いデザインの車を作れるかは、他の事例

等の調査が必要である。

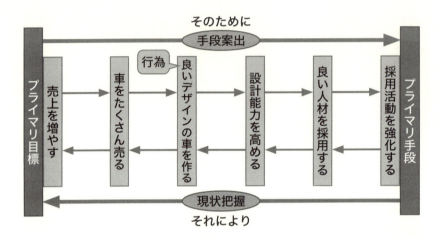

6. 問題へのアプローチ

　問題に対して、発生型、開発型、いずれのアプローチでもかまわないが、手法を形式的に使うのではなく、問題解決の構造を理解し、本当の意味で生かしてもらいたい。

　発生型の問題解決の報告を見ると、現状把握で問題点を抽出しながら、それを目標に置き換え、要因解析をしている事例をよく見かける。現状把握で、工数大という問題を見つけたら、問題点「工数大」とすべきところを、目標「工数半減」として、工数大の要因解析をしているケースである。本来、問題点とすべきところを、目標にしたことで、一見、開発型になったように見えるが、要因解析をするなら、目標ではなく問題点でなければならない。

　本当の開発型なら、現状把握の段階で、例えば、標準化できてないことで工数大というところまで掘り下げ、目標「標準化することで工数半減」として、手段案出で、標準化するための手段を考える。工数大の要因が標準化できてないこととわかったら、それを、要因解析で導くことはない。

　これまでのQC教育は、発生型が中心で、QCというと、なぜなぜをやるという固定観念が強い。QCの報告事例も発生型がほとんどで、初心者は、それをまねてQCストーリーを作るため、やらなくてもよい要因解析を載せることになる。現状把握の段階で要因が見えているなら、わざわざ、要因解析をやることはない。開発型でアプローチすべきである。

6-1. 発生型と開発型の選択

　発生型と開発型は、どちらへも置き換え可能である。ただし、発生型なら問題に対する要因解析、開発型なら目標に対する手段案出で、アプローチが一貫している必要がある。

　開発型の目標「良いデザインの車を作る」を発生型に置き換えると、問題は「今の車のデザインは悪い」になる。そこから要因解析を行うと、なぜならば「設計能力が低い」、なぜならば「良い人材を採れない」、なぜならば「採用活動が弱い」、なぜならば「……」となる。要因解析は、良くない現象を追うから、悪い、低い、弱い等、悪者探しの後ろ向きの議論になっている。

　一方、開発型では、「良いデザインの車を作る」を目標に手段案出を行うから、そのために「設計能力を高める」、そのために「良い人材を採用する」、そのために「採用活動を強化する」、そのために「……」となる。手段案出は、良くしようとする行為の意志が入るから、良い、高める、強化する等の前向きの議論になる。

　開発型のほうが、積極的、発展的といえる。どちらのアプローチにするのか、成り行きではなく、意志を持って選択してもらいたい。

6．問題へのアプローチ

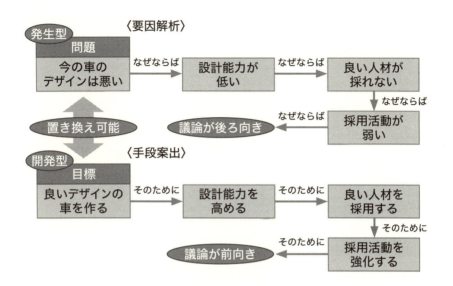

6-1-1. 現象の言葉と行為の言葉を区別する

　問題解決のキーワードは、発生型の要因解析では「なぜならば」、現状把握では「だとすれば」であり、開発型の手段案出では「そのために」、現状把握では「それにより」である。

　発生型が扱うのは現象で、「なぜならば」、「だとすれば」から導かれる言葉は、現象の言葉になる。「赤字である」、「売上が増えない」、「新商品が売れない」は、現象の言葉である。

　一方、開発型が扱うのは行為で、「そのために」、「それにより」から導かれる言葉は、行為の言葉になる。「売上を増やす」、「宣伝を強化する」、「宣伝予算を増やす」は、行為の言葉である。

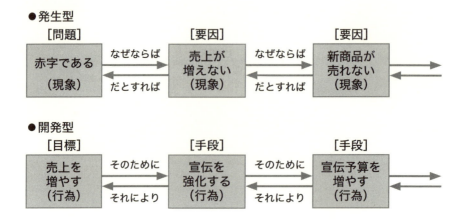

　発生型なら現象の言葉、開発型なら行為の言葉で統一することを心がけるべきである。現象の言葉と行為の言葉を区別することで、因果の連鎖を遡るときの誤りを防ぐことができる。微妙な語感の違いに思えるが、その違いにこだわることが、論理的な思考能力を磨き、問題解決能力を高めることになる。

6-1-2. キーワードを正しく使う

「なぜならば」と「だとすれば」、「そのために」と「それにより」の4つのキーワードを正しく使う訓練が不十分だと、的外れな要因や手段を導くことになる。これらのキーワードが、途中で混ざったり、入れ替わったりしてはならない。

　言葉を正しく使えているかどうかは、仕事の信頼性の証しであり、どこまで考えているかを示す指標である。結果が出ても、報告にまとめるときには、よく吟味すべきである。ロジカルで筋が通った報告は、問題

6．問題へのアプローチ

解決が正しく行われていることの証明になる。
　仕事で成果を出すためには、専門能力に加えて、汎用的な能力であるジェネリックスキルを高めることが重要といわれている。4つのキーワードを使う能力は、ロジカルシンキングの能力であり、まさにジェネリックスキルそのものである。問題解決の実践でキーワードを使う感覚を磨き、そのスキルを高めてもらいたい。

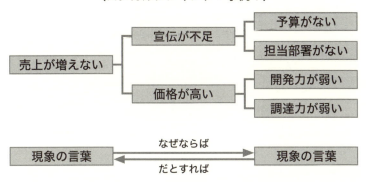

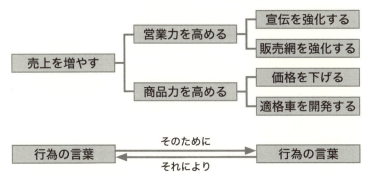

6-1-3. 現状把握で対策の目星をつける

　現状把握では、プライマリ問題やプライマリ目標を抽出するだけでなく、その周辺を掘り下げると、対策が見えてくる場合が多い。現状把握の段階で、発生型では要因、開発型では手段の目星をつけることができれば、後の要因解析や手段案出が楽になり、問題解決の生産性は高まる。「部品コストの削減」という課題に取り組むとする。発生型なら、現状把握で、コストがどうなっているかを調べることになる。このとき、「コスト高」という問題を抽出するだけでは、要因が、材料費、人件費、加工費等まで広がって、要因解析が大変である。この場合、現状把握の段階で、「材料費が高い」という目星がつけば、材料費が高い、なぜならば○○材を使えない、なぜならば……となり、要因解析が楽になる。

　一方、開発型の現状把握なら、コストをどうできるかを調べることになる。このとき、「コスト削減」という目標を示すだけでは、やはり、手段案出が大変である。この場合は、「材料費を下げる」という目星がつけば、材料費を下げる、そのために○○材を使う、そのために……となり、手段案出が楽になる。

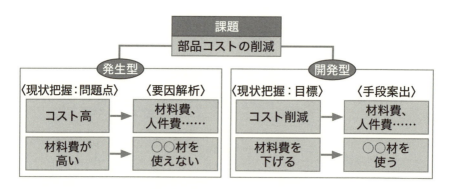

6-2. 目的は問題の解決

　要因解析のなぜなぜは、本来、原因を根本に遡って追求するためである。先入観にとらわれず、なぜなぜと考え抜くことは大事である。しかし、それがあまりにも強調され過ぎた結果、なぜなぜをやることがQCであるというような誤解を生み、かえって、その形骸化を招いている。

　QCというと、すぐに要因解析に走るのは、今のQC教育の弊害といえる。基準がない、管理してない、ルールが守られない等の一般論のレベルで要因を探すなら、要因解析など不要である。なぜ基準がないのか、なぜ管理してないのか、なぜ守られないのかを掘り下げる、あるいは、要因がわかっているのに、なぜ対策できないのかを議論するなら、まだ意味がある。

　仕事でQCは使わないという声が出るのは、対策がわかっているのに、要因解析を求められるようなことも一因である。新人が頭の体操でなぜなぜをやるなら、形式的な要因解析もよかろうが、ベテランは、それがわかっているから、仕事では使わないという話になる。QCの発表会で、要因解析で見つけた対策が一発で成功する事例が多いのも、初めから対策がわかっているからである。

　職場の問題解決は、若手のお勉強のためではない。仕事であり、生産性を高めるためで、それがあっての人材育成である。やるべきなぜなぜと勉強のためのなぜなぜは、区別したほうがよい。要因解析で、できるだけたくさん要因を探すようにと指導するマネージャーがいるが、設計工数がかかるという問題の要因解析で、部品が多いなどという要因を探しても意味がない。対策できない、する気もない要因を、いくら探しても、時間の無駄である。ロジカルシンキングの訓練のためのなぜなぜなら、それはそれでしっかりやるべきで、仕事なら、形式的な要因解析は

いらない。特に、事務部門の場合、同じ仕事を何年もやっているマネージャーなら、要因の見当はついているはずで、新人がそれを見つけるようではおかしい。QCの目的は、問題の解決であり、要因を探ることは、そのための手段である。仕事と人材育成は、一体で進めるべきだが、問題解決を優先しないと、仕事にも育成にもならない。

6-2-1. 成功例をベンチマークする

　発表のためのQCストーリーを作ろうとすると、例えば、入力ミス多発の要因として、入力数が多い、慣れてない、ストレスが多い等の、対策できない、する気もない要因を列挙した上で、真因は手入力の繰り返しであるなどという形だけの要因解析をすることになる。手入力の繰り返しを止めれば入力ミスを防げるなどというのは、事例を調べれば、いくらでも見つかるはずで、わざわざ要因解析するまでもない。時間をかけるべきは、要因解析ではなく、手入力の繰り返しを止める方法を考え、実現することである。本当に、ストレスに対策して報告するなら、この要因解析もありだが、そうでなければ意味がない。

　自分には初めての問題でも、世界で初めてというような問題は稀である。ほとんどの場合、同じような問題があり、対策が行われている。会社の中にも、様々な問題解決の事例があり、対策のノウハウが蓄積されているはずである。社内各部あるいは競合他社を含めてベンチマークすれば、うまいやり方が見つかるかもしれない。対策は、何回も成功して、初めて、その有効性が証明される。先人の努力の賜物であり、ベンチマークを活用しない手はない。

　製造ライン等では、品質不良やトラブルの原因を自力で解明できる力を身につけておくことは大事だが、自力にこだわって、いたずらに時間

6. 問題へのアプローチ

を無駄にするようではうまくない。再発防止策を含めて、成功例をベンチマークし、その対策を応用するというアプローチを試してもらいたい。

QC発表会で、要因解析をやった証拠として、小さな文字でぐちゃぐちゃ書かれた魚の骨を見せられても、役に立つことは少ない。それより、対策A、B、Cの内、A、Bは失敗したが、Cは成功したと報告してもらうほうが、よほど有益である。

6-2-2. 事例から学ぶ

間接部門では、仕事は異なっても、問題は共通している場合が多い。まずは、自分が取り組んでいる問題と同様の事例がないか、探すべきである。同じような問題でどのような対策をしたかを調べれば、問題解決の生産性を大幅に高められる。そのためには、事例のデータベースや相談掲示板のような、改善を横展開し、伝承できる仕組みを作ることが有効である。情報交換の場があれば、同じような問題に対して、協力して改善に取り組むことも可能になる。

問題解決は、「勘、コツ、度胸（KKD）」ではダメで、要因解析で真因をつかめといわれるが、素人のなぜなぜが、ベテランのKKDに追いつくことは難しい。ダメなのは、KKDではなく、それを暗黙知のままにしておくことである。KKDを形式知化し、皆が使えるノウハウとして残すことができれば、KKD自体は悪くない。トラブルが再発するのは、要因解析をやらないからではなく、KKDのままにしておくからである。設計、実験等で、形式知にしたKKDをどれだけ蓄積できているかが、開発力の差になる。

IT技術の発達で、誰もが、膨大な量の情報にアクセスし、必要な情

報を取り出せるようになった。事例を調べることは、昔に比べてはるかに容易である。事例という財産から学ぶと共に、結果を出すことで、その蓄積に貢献すべきである。知識も、所有から共有へと変わりつつある。もはや、対策をゼロから考える時代ではない。

　本当に要因解析が必要になるのは、市場での想定外の故障等、初めて遭遇する現象を解明するようなケースである。これには、いわゆる故障解析（FTA）[注1] によるなぜなぜが必要になる。しかし、「原価が高い」等の一般的な問題の要因解析なら、すでにあるはずで、それを自分でやることはない。現状把握の段階で、原価が高い要因として、材料費、人件費等を調べ、そこから要因解析するならまだわかるが、「原価が高い」から始めるのでは、時間の浪費である。なぜなぜの姿勢は大事だが、毎回ゼロから、すべて自前でやっていては、遅過ぎる。勉強なら、なぜなぜで走るのは良い運動だが、仕事なら、車に乗ったほうがよい。

6-2-3. 結果を確かめることを優先

　初めての対策、非常にコストがかかるような対策なら、本当に効果があるか、実行の前に、十分な調査、検討が必要だが、そうでなければ、あれこれ迷って時間をつぶすより、これだと思った対策を早く実行したほうがよい。失敗しても、別の対策が簡単にできるなら、次々にトライすればよい。

　品質不良の発生プロセスを明らかにする要因解析はあってよいが、同じような不良があって、すでに実績がある、効果があるとわかっている対策なら、それを早く試すべきである。どの対策にするか議論するのは

[注1]　**FTA: Fault Tree Analysis**

130

6. 問題へのアプローチ

よいが、実行しない限り、その効果はわからない。

　要因解析や手段案出等の解析にどれだけ時間をかけても、対策と結果の因果関係は、あくまでも仮説である。それが正しいかどうかは、解析をいくら眺めても結論は出ない。対策という実験によって、証明するしかない。問題解決のノウハウや固有技術は、解析ではなく、対策を実行することで確立されてきた。解析の良し悪しは、対策した結果で決まる。どんなにすばらしい解析も、1つの結果にはかなわない。ただし、因果関係の証明には、1回の実験だけでは、不十分である。結果の再現性を保証するため、偶然なのか、対策による結果なのか、N数を増やして、確かめる必要はある。

　要因解析の良し悪しを延々と議論するような、QC手法を使うことが目的の研修に、益はない。問題解決の実践で、要因解析をやっていたら対策の時間がなくなったという話はよく聞く。仮説作りより、結果を確かめることを優先してもらいたい。どんな練習をしても、勝てなければ意味がない。試合をせずして練習方法の良し悪しは議論できない。

6-2-4. 目的を達成できれば対策はOK

　間接部門では、担当者であれば、初めから、対策が見えている場合も多い。間接スタッフの問題解決は、企画を筆頭に、手段案出がメインになるはずである。要因解析のなぜなぜで、捕まえる気のない犯人探しをやるより、手段案出の「そのために」で、やれると思う対策を考えたほうがよい。

　これは、なぜなぜが不要と言っているのではない。手段案出でも、「そのために」と考える裏では、無意識に、なぜなぜで、要因を考えている。入力ミスの要因にストレスが思い浮かぶと、ストレス軽減という

131

対策が出てくるが、その対策をする気はないから、取り上げないだけである。手段案出では、対策できない、する気もない要因は、初めから、フィルターをかけて取り除いているのであり、それで OK である。「そのために」で発想すれば、無駄な要因を排除できる。ダイレクトに対策を考えるほうが効率的である。サークル活動をするなら、問題解決に向けて、「そのために」でアイデアを出すブレーンストーミングをやってもらいたい。

　開発型の現状把握は、一見、発生型の要因解析に似ている。しかし、その役割は、極めて大きい。ここでどれだけ対策の目星をつけられるかで、問題解決のスピードが決まる。机上で頭を使う要因解析に対し、現地現物で足を使うのが開発型の現状把握である。やるべきことが見えたら、要因解析ではなく、手段案出で対策を絞り込み、早く結果を出すべきである。目的を達成できれば、対策は OK である。もちろん、その場しのぎでない結果を求めるなら、そのような対策が必要であることは言うまでもない。

　結果が出る前に、対策のコンセンサスを得ようとすると、要因解析でという話になるが、それも結果が出るまでである。問題が解決したなら、要因解析より、N増しで対策の有効性を確認することのほうが、はるかに重要である。魚の骨がついていないと QC ストーリーではないと思う人もいるが、本当に要因解析で対策を見つけたのでなければ、報告のために、わざわざ魚の骨を作ることはない。

6. 問題へのアプローチ

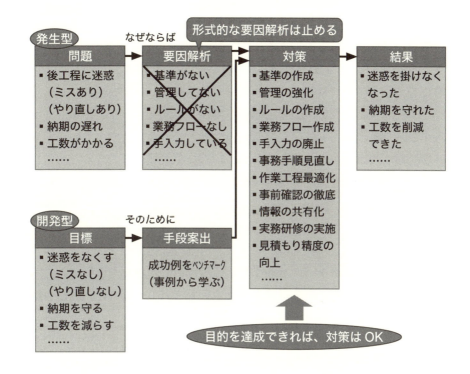

6-2-5. 大事なのは型ではなくスピーディーな問題解決

　ここまで、開発型のメリットを述べてきたが、なんでも開発型にしたほうがよいと言っているわけではないので、誤解のないように願いたい。基本は発生型でかまわない。要因解析が生きるなら発生型でOKで、それを開発型にする必要はない。

　言いたいことは、対策がわかっているにもかかわらず、QCストーリーを作るために、要因解析の作文をやるのは止めようということである。対策が決まっていて、そのコンセンサスも得られ、結果に自信があるなら、要因解析より対策に時間を使うべきである。力を注ぐべきは、

QCストーリー作りではなく、早く目的を達成すること、仕事のスピードアップである。

　開発型は、何年も前から提案されているが、普及しなかった。これは、結果が出る前（対策実施前）だと、第三者に、対策実施のコンセンサスを得るための要因解析を要求されるからである。また、結果が、手段の確認で終わっていると、対策の良し悪しを判断できず、その正しさを要因解析で示すしかないからである。開発型で問題解決に取り組むなら、早く対策を実施し、目標を達成することにつきる。対策の正しさは、要因解析より、結果で証明するのが一番である。

　さらに言うと、型にこだわる必要はない。問題解決の取り組み中は、問題と要因、目標と手段を同時に考え、発生型と開発型を混ぜこぜにして進めているはずである。発生型と開発型は、問題解決の取り組み方法の違いというよりは、報告スタイルの違いと考えてもらいたい。取り組み中は、型を意識する必要はなく、報告のときに、どちらかのスタイルで、経緯をロジカルに説明できればよいだけである。大事なのは、型ではなくスピーディーな問題解決である。目的を達成できれば、どちらのスタイルで報告してもかまわない。

6-3. QCで議論すべき領域

　発生型問題に取り組むなら、現状把握ではプライマリ問題、要因解析ではプライマリ要因まで遡らねばならない。開発型問題なら、現状把握ではプライマリ目標、手段案出ではプライマリ手段まで遡る必要がある。では、プライマリ問題あるいはプライマリ目標を、さらに遡るとどうなるか。この点について触れておきたい。

6-3-1. プライマリ問題をさらに遡るとどうなるか？

　要因解析では、プライマリ要因をさらに遡ると、自然現象が要因になり、最後は神様のせいになってしまった。では、現状把握でプライマリ問題をさらに遡るとどうなるだろうか。

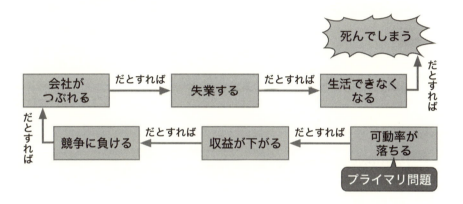

　先ほどのネズミの例では、プライマリ問題「可動率が落ちる」から、「失業する」まで遡った。ここからさらに遡ると、だとすれば「生活できなくなる」、だとすれば「死んでしまう」ということになる。この遡りにも様々なルートがあるが、どのルートを辿っても、すべての問題は、最後は死まで遡ることによって終わる。極端な言い方だが、死ぬことを問題と思わなければ、世の中には、いかなる問題も存在しないことになる。

　世の中のあらゆる現象は、死と自然現象（神）の間の広い領域に、問題あるいは要因の形で位置付けられる。その広い領域の中で、何が問題で何が要因かと議論しても収拾がつかなくなる。そこでQCによる問題解決では、プライマリ問題とプライマリ要因の間の領域に議論を絞ることにした。そのために生産性という視点が必要になる。

QCで議論すべき領域について理解してもらうために、敢えて極端な話をした。この領域についての認識がないまま現状把握や要因解析を行うと無駄な議論をすることになる。売上不振の問題に取り組むとき、要因解析の中で、景気や為替等を原因にして議論することは、経済学では意味があるが、QCでは意味がない。景気を良くする対策は、会社にはできず、社内でこれらを議論しても問題解決にはつながらない。原発問題も同様である。地震や津波を原因とした議論は、飛行機墜落の原因を重力にして議論するようなもので、QC的には意味がない。また、誤った原因の認識は、責任逃れを許すことにもなる。

6-3-2. プライマリ目標をさらに遡るとどうなるか？

手段案出では、プライマリ手段をさらに遡ると、手段がいくらでも考えられ、自由になってしまった。では、現状把握でプライマリ目標をさらに遡るとどうなるだろうか。

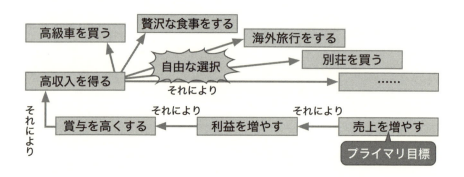

先ほどの車の例では、プライマリ目標「売上を増やす」から、「高収入を得る」まで遡った。ここからさらに遡ると、それにより「贅沢な食事

をする」、あるいは「高級車を買う」、あるいは「海外旅行をする」、あるいは「別荘を買う」、あるいは「……」となり、様々な目標を考えることができる。すなわち、目標の選択肢がいくらでも広がり自由になる。

発生型の現状把握では、「だとすれば」を繰り返すと、最後は、死に行き着いたが、開発型では、「それにより」を繰り返すと、最後は、行為の自由な選択に行き着く。行為とは、人間の意志であり、行為を遡るならば、最後は、各人の自由に委ねられるからである。

開発型の問題も、QCで議論する領域は限られる。行為としての目標と手段は、最後は自由な選択に行き着くが、この自由な選択の領域で目標あるいは手段を議論しても、収拾がつかなくなる。そこで開発型の問題解決でも、議論の領域をプライマリ目標とプライマリ手段の間に絞らねばならない。そのために、やはり生産性という視点が必要になる。

このことを理解しないで現状把握や手段案出を行うと無駄な議論をすることになるのは、発生型と同じである。

6-3-3. QCで議論する領域は限られる

会社で問題を解決するということは、生産性を向上させるということである。生産性を軸にすれば、QCで議論する領域は限られる。プライマリ問題、プライマリ要因、プライマリ目標、プライマリ手段までの領域である。これに対して、科学、哲学、宗教は、死から自然現象、神の領域まで議論する。

哲学者カントによると、「人間の究極の問いは、神と死と自由であるが、この領域の議論は人間の理性の限界を超えている」という。QCで扱う「問題、要因、目標、手段」を「神、死、自由」の領域で議論しても意味がない。プライマリを意識して問題解決に取り組んでもらいた

い。そのために、生産性という視点、軸が必要になる。

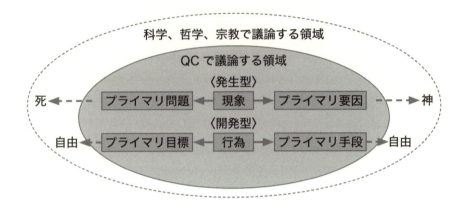

6-4. 問題解決演習

QCストーリーを学ぶための演習問題を載せた。魚の販売店に勤める店員が、問題解決に取り組むという設定である。回答例は、QCストーリーのひな形として添付したA3判1枚を使って、発生型と開発型で示した。

〈問題解決演習〉

- あなたは、魚店の販売主任です
- 毎朝、市場から魚を仕入れ、夕方、売れ残った魚を廃棄しています
- このところ、来客数が減っている中、お客からの苦情が増加しています
- 過去6カ月の販売実績は、下表の通りです
- あなたは、今後、何をすべきか、データを分析して、対策を導き、報告してください
 （別添のQCストーリーのひな形を使用。結果は、対策が成功したという前提で報告）

6. 問題へのアプローチ

〈販売実績〉

				15/4	15/5	15/6	15/7	15/8	15/9	年/月
タイ	仕入れ値	300円	仕入れ数	300	200	80	180	320	250	匹
	売値	400円	販売数	100	100	80	140	170	200	匹
サンマ	仕入れ値	150円	仕入れ数	200	230	230	200	150	170	匹
	売値	200円	販売数	180	210	210	180	140	160	匹
イワシ	仕入れ値	100円	仕入れ数	100	120	140	130	150	140	匹
	売値	150円	販売数	90	110	130	120	140	130	匹
来客数				500	480	440	460	430	420	人
客の苦情件数				2	4	3	5	6	8	件

以上

6-4-1. 回答例「発生型のアプローチ」(巻末資料参照)

　課題名は、「タイの売れ残りの削減による収益の向上」(回答例1) と
する。課題名に対策を書くのはダメと指導するQC教育があるが、報告
は対策後であり、書くべきである。課題名で、何をやったか、何を改善
したかを示してもらえれば、忙しければ、後は見なくて済む。

　販売実績を分析すると、来客が減っても、苦情が増えても、売上は
減っていない。すなわち、これらの現象は、収益とは相関がなく、問題
にはならない。ただし、これらを、店の経営の質の問題として捉えるこ
とはあり得るが、ここでは深入りしない。

　現状把握で、収益がどうなっているかを調べてみると、半期赤字であ
る。なお、問題を簡単にするため、固定費は考えず、売上高から仕入れ
値を引いた残りを利益 (粗利) とする。魚の種類別の利益から、赤字の
要因は、タイである。さらに調べると、タイは、売れ残りが多い。そこ
で、問題点は、「タイが売れ残ることで収益が悪化」とした。

要因解析は、「タイが売れ残る」を問題にして、要因を遡る。フィールドは、客、商品、販売の三つにした。なぜ客が要因なのか。なぜならば、客は「タイが嫌い」、あるいは「タイを買う金がない」である。次に、なぜ商品が要因なのか。なぜならば「タイがうまくない」、あるいは「タイの値段が高い」である。なぜタイがうまくないのか。なぜならば「タイの鮮度が落ちている」。なぜタイの鮮度が落ちているのか。なぜならば「タイの輸送に時間がかかっている」となる。なぜタイの値段が高いのかも同様に遡ることができる。次に、なぜ販売が要因なのか。なぜならば「タイのPR不足」、あるいは「タイを仕入れ過ぎ」である。なぜPR不足なのか。なぜならば「タイのPR予算がない」となる。また、なぜタイを仕入れ過ぎなのか。なぜならば「タイの販売予測が外れる」となる。

　各フィールドの要因をさらに遡ることも可能である。例えば、客が「タイを買う金がない」、なぜならば「収入がない」、なぜならば「失業している」、なぜならば……となる。政治家の立場ならば、なぜ失業しているのか、なぜならば景気が悪いから、となって不景気を要因にして景気浮揚の対策を立てるということはあり得る。しかし、店員の立場では、この領域の議論は無駄になる。不漁、天候等も、要因ではあるが、やはり販売店の議論の領域を外れている。

　ここまで導いた要因の中から、プライマリ要因を決めねばならない。上司や専門家に相談する、多数決を取る等の方法がある。ここでは、上司と相談し、販売で対策できる要因として、「タイのPR予算がない」、「タイの販売予測が外れる」に絞った。そして、金をかけないということで、「タイの販売予測が外れる」をプライマリ要因とした。よって、対策は、タイの販売予測の精度を上げることになる。

　ただし、要因解析は、あくまでも仮説である。対策の前に、本当に効

140

6. 問題へのアプローチ

果があるか、すなわち、販売予測の精度を上げれば売れ残りが減るという因果関係があるかを確かめる必要がある。そこで、豊田魚店を調べて、効果を確認した。よって、対策として、豊田魚店の予測手法を導入すればよいということになる。

結果については、売れ残りが減ったことで、プライマリ問題すなわち半期赤字が解消されたかを確認する。回答例では、タイが黒字となり、全体利益も黒字化したという結果になっている。最後が標準化である。予測手法をマニュアル化する、新人に予測手法を教育するということで、仕事が財産として残る。

同じ発生型でも、バリエーションは、いくらでも考えられる。例えば、課題名を、「タイの廃棄の削減による収益の向上」（回答例２）とすれば、タイが赤字なのは、タイを廃棄しているからで、問題点は、「タイを廃棄していることで収益が悪化」となる。

要因解析は、「タイを廃棄している」を問題にして、要因を遡る。フィールドは、回答例１と同じく、客、商品、販売とする。販売のフィールドでは、「タイの販売予測が外れる」が要因で、回答例１と同じだが、商品のフィールドでは、「タイが腐る」から始まって、「冷凍機がない」、「缶詰器がない」、「燻製器がない」等の要因が出てくる。これらの要因から、「冷凍機がない」、「タイの販売予測が外れる」の二つに絞り、やはり、金をかけずに対策するということで、プライマリ要因として、「タイの販売予測が外れる」を選定する。以降は、回答例１と同じである。

6-4-2. 回答例「開発型のアプローチ」（巻末資料参照）

課題名は、「売れ残った魚の再商品化による収益の向上」（回答例３）

とする。開発型であるから、現状把握では、収益をどうできるかを調べる必要がある。収益を向上させる対策として目星をつけたのが、売れ残りの再商品化である。再商品化でどのくらい収益を上げられるか予測し、目標を立てることが開発型の現状把握になる。仮に、再商品化によって仕入れの9割を販売できれば、収益は一気に向上する。よって、目標は、「売れ残りを再商品化することで収益を向上」で、プライマリ目標は、半期利益10万円とする。

　手段案出は、「収益の向上」を目標にして始めると、手段が広がり大変だが、「売れ残りを再商品化する」から始めれば楽である。売れ残りを再商品化する、そのために「冷凍にする」、そのために「冷凍機を新設する」となる。その他の手段も同様に遡ることができる。

　これらの手段の中から、缶詰器と燻製器に絞り込み、金をかけないということで、燻製器の新設をプライマリ手段とした。ただし、これで収益が向上するというのは、やはり仮説である。そこで、同じ対策をしている豊田魚店を調査し、その効果を確認した上で、対策に移る。

　結果は、再商品化できたことで、収益が向上したかどうかを確認する。また、対策は、費用対効果が重要で、燻製器の新設費用についても調べている。

　発生型だと、回答例1のように、タイが売れ残る要因をすべて掲げようとするため、要因解析は煩雑になり、対策を絞るのも手間である。一方、開発型では、回答例3のように、初めから、売れ残りを再商品化できそうな対策を考えるため、手段案出はシンプルで、対策の絞り込みも容易である。これで目標を達成できれば、もう、対策の良し悪しの議論にはならない。

　QCというと発生型がメインだが、開発型による、前向きでスピー

6．問題へのアプローチ

ディーなアプローチも取り入れてもらいたい。要は、対策として何を思いつくかである。現状把握で、販売予測の精度を上げれば収益が向上するとわかれば、課題を、「販売予測の精度向上による収益の向上」（回答例4）として、開発型でアプローチできる。手段案出では、そのために、販売予測プログラムを開発する、豊田魚店の予測手法を導入する等の手段を考えればよい。開発型なら、収益悪化の要因「販売予測が外れる」を導くまでの要因解析は不要になり、問題解決をスピードアップできる。

　演習事例は単純だが、複雑な問題解決も、取り組みのアプローチは同じである。問題解決のアプローチは、何が正解ということはない。結果として、プライマリ問題の解消あるいはプライマリ目標の達成になっていれば、いずれも可である。

6-4-3. 問題解決報告のチェックポイント

　問題解決の報告を評価するときは、以下をチェックしてもらいたい。通常は、これだけで十分である。

　　①課題名は、問題解決の目的を示しているか？
　　②現状把握は、目的の状態を調べているか？
　　　▪目的が、今どうなのか（発生型）
　　　▪目的を、将来どうできるか（開発型）
　　③問題点（発生型）or 目標（開発型）は、目的で示しているか？
　　④結果は、目的がどうなったかを確認しているか？
　　⑤課題のレベルは、本人の資格にふさわしいか？

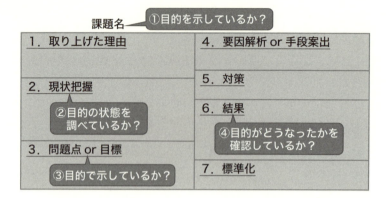

　重要なのは、①と④である。巻末資料に添付した「問題解決報告のチェックポイント」のひな形を使って、6-4. 問題解決演習の回答例を評価すると以下のようになる。

6．問題へのアプローチ

問題解決報告のチェックポイント

課題名	タイの売れ残りの削減による収益の向上

報告項目	チェックポイント		判定
①課題名	問題解決の目的を示しているか？		判定
	<○の時は良い点、×の時は修正点を記入> 目的「収益の向上」を示している		○
②現状把握	目的の状態を調べているか？ ・目的が、今どうなのか（発生型） ・目的を、将来どうできるか（開発型）		判定
	<○の時は良い点、×の時は修正点を記入> 目的「収益の向上」について、タイの売れ残りが多いことで赤字になり、収益が悪化していることを調べている		○
③問題点(発生型) or目標(開発型)	目的で示しているか？		判定
	<○の時は良い点、×の時は修正点を記入> 目的「収益の向上」を実現するために解消すべき問題点として「タイが売れ残ることで収益が悪化」を示している		○
④結果	目的がどうなったかを確認しているか？		判定
	<○の時は良い点、×の時は修正点を記入> 目的「収益の向上」について、黒字化したことを確認している		○
⑤課題のレベル	本人の資格にふさわしいか？		判定
	販売主任の問題解決のレベルである		○

問題解決報告のチェックポイント

課題名	売れ残った魚の再商品化による収益の向上

報告項目	チェックポイント	
①課題名	**問題解決の目的を示しているか?**	判定
	<○の時は良い点、×の時は修正点を記入> 目的「収益の向上」を示している	○
②現状把握	**目的の状態を調べているか?** ・目的が、今どうなのか(発生型) ・目的を、将来どうできるか(開発型)	判定
	<○の時は良い点、×の時は修正点を記入> 目的「収益の向上」について、タイの売れ残りが多い ことで収益が悪化しているが、再商品化することで 収益の向上が可能なことを調べている	○
③問題点(発生型) or目標(開発型)	**目的で示しているか?**	判定
	<○の時は良い点、×の時は修正点を記入> 目的「収益の向上」を実現するために達成すべき 目標として「売れ残りを再商品化することで収益を 向上」を示している	○
④結果	**目的がどうなったかを確認しているか?**	判定
	<○の時は良い点、×の時は修正点を記入> 目的「収益の向上」について、利益が大幅に増えた ことを確認している	○
⑤課題のレベル	**本人の資格にふさわしいか?**	判定
	販売主任の問題解決のレベルである	○

6. 問題へのアプローチ

　なお、課題に取り組む前には、後で大幅な軌道修正をしなくても済むように、以下を事前に確認しておくとよい。これも、巻末資料に、「課題に取り組む前の確認」のひな形を添付したので、参考にしてもらいたい。

　　①課題名で、何を目的にするか？
　　②現状把握で、何を調べるか？
　　　▪ 目的が、今どうなのか（発生型）
　　　▪ 目的を、将来どうできるか（開発型）
　　③問題点（発生型）or 目標（開発型）を、何にするか？
　　④結果で、何を確認するか？
　　⑤課題のレベルは、本人の資格にふさわしいか？

　特に、課題名で、目的を確認することは、現状把握の的を外さないために大事である。納期短縮が目的なら、発生型の現状把握では、納期が、今どうなのか、開発型の現状把握では、納期を、将来どうできるかを示す必要がある。現状把握では、まず、目的自体に焦点を当てなければならない。仕組みやプロセス（手段）を調べるのは、その後である。

6-4-4. 問題解決報告の詳細評価

　問題解決の報告を、より詳細に評価するために、「問題解決能力の評価表」のひな形を添付したので参考にしてもらいたい。本評価表では、問題解決能力を、改善能力と専門能力に分け、改善能力は、さらに、QC思想・手法の理解度、問題のレベル、実践のレベル、会社業績への貢献に分けた。

　評価ポイントは、各評価項目にウエイト付けして、満点が1,000点になるようにした。ウエイトの付け方は、育成を重視するか、会社業績への貢献を重視するかで違ってくる。本評価表のウエイトは、育成だが、業績への貢献なら、そのウエイトがもっと大きくなる。必要に応じて見直してもらいたい。

「課題の難易度」については、そのレベルを、「極めて」とか「かなり」という抽象的な表現にしているが、難しさを一般化すると、このような表現にならざるを得ない。これは、難しさA、B、C、……でもかまわないのだが、各職場には、暗黙知として、仕事の難しさの相場があるはずで、要は、それを判断基準にしてもらいたいということである。

　なお、この評価表は、目標管理や問題解決報告会等での使用を目的とした詳細な評価になっており、評価者の評価能力も問われる。無理して使うと形式的な評価になりかねないので注意願いたい。

7. 人事制度のあり方

　企業が社会に貢献するためには、付加価値を生むだけでなく、増やさなければならない。競争力のある企業とは、全社員が改善の意味を理解し実践している企業であり、その力を高めるには、改善を軸にして、人事制度や評価のあり方を考える必要がある。

7-1. 改善能力が評価基準になる

　様々な部署、ポジションで働いている社員を、その仕事の難易度や成果に応じて、公正、公平に評価することは難しい。また、職能資格制度では、資格と役職の乖離が問題になる。ポストで仕事を与える限り、有資格者全員に同レベルの仕事は行き渡らない。

　このとき改善能力という評価基準が役に立つ。評価のポイントは、改善し付加価値を増やしたか、生産性を向上させたかである。どのような仕事、ポジションであっても、そこでどれだけ改善ができたかを評価すればよい。作業はポストで限られるが、仕事は無限である。評価の目的が人材育成で、新たな付加価値を生み出す人材を育てることならば、改善能力が評価基準になって当然ともいえる。

　人事評価というと、所属から上がってきた、S、A、B等の評価を機械的に集計するだけで、その妥当性をチェックできていないことが多い。人事が、独自のデータを持たないなら、考課者訓練等で評価が適正に行われていることを前提に、所属評価を、そのまま受け入れるしかない。しかし、評価の妥当性を担保するためには、やはり、人事としての

チェックが必要である。そこで使えるのが、研修等で行われる業務改善の報告である。

　改善結果を見れば、本人の問題解決能力と上司のマネジメント能力を同時に評価できる。OJTが適切に行われているかどうかもわかり、所属評価の裏を取ることができる。人事主催の様々な研修は、所属評価の妥当性を見極めるチャンスである。もちろん、人事には、結果の良し悪しを見分ける目がなければならない。人材育成と評価は一体である。人事が評価にコミットし、所属にフィードバックしてこそ、育成のための評価を実のあるものにできる。

　なお、評価は、「できた」、「できない」の議論以前に、資格と仕事の相場が合っているかを評価しなければならない。評価制度の運用には、資格ごとの仕事の相場が必要である。それがないと、社員のパフォーマンスを測るよりどころがなく、評価のしようがない。評価制度を作る前に、仕事の相場を作るべきで、これは、その会社の実力を示す指標でもある。明文化されているかどうかは別にして、仕事の相場が確立されていれば、立派な評価制度がなくても、公正、妥当な評価が可能になる。

　評価に限らず、人事制度は、運用によって如何様にでもなる。成果給は年功で運用できるし、その逆も可能である。仕事や貢献度に基づく人事処遇制度を導入するための講習会というのがあるが、制度の総論は難しくない。職能資格や賃金表等の仕組みを作るのは簡単である。難しいのは、各人の仕事レベルや貢献度をどうやって測るかという制度運用の各論である。運用こそが制度の要だが、これは各社固有の文化であって、一般論が成り立たない。講習会では、仕組みは学べても、運用は学べない。

7. 人事制度のあり方

7-1-1. 改善してこそ高い評価

人事のコアミッションは、人を適材適所に配置し、能力発揮を促進し、生産性を向上させることで、人を生かすとは、作業に加えて改善をしてもらうことである。評価すべきは、改善による新たな付加価値の創出であって、その資格の作業ができるだけでは、標準評価以上にはならない。

ポジションについていることで払われる給与は仕事給といわれるが、どんなに大変であろうと、そのポジションの作業をするだけでは作業給である。大変なことを、大変でなくするために新たな方法を考えた、すなわち、改善し付加価値を増やしてこそ仕事給になる。

スタッフの仕事はモグラ叩きであってはならない。モグラの巣穴を取り除くことが仕事である。モグラ叩きのフットワークが良いことは評価すべきだが、会社への貢献が頑張りだけで評価されるようでは、時間外もなくならない。真に評価すべきは、巣穴つぶし、すなわち改善である。

コンピテンシー^(注1)による評価を取り入れている企業もあるが、コンピテンシーが高くても、モグラ叩きに邁進しているようではまずい。巣穴を取り除いたかどうかを評価することが大事である。

7-1-2. 能力開発は改善能力に焦点を当てる

能力開発には、作業能力の向上と改善能力の向上の二面がある。作業

(注1) コンピテンシー
　　　 ハイパフォーマーの行動特性。

能力は、それが低ければ、業務が回らず、本人も職場も困るから、経験を積めば黙っていても向上する。あるポジションで業務を回しているなら、作業能力は有るということで、改めてフォローするまでもない。

　一方、改善能力については、意識してフォローしなければならない。ベテランでも、それを高めようとする意志がなければ向上しない。人材育成は、改善能力に焦点を当てるべきである。改善能力を向上させるには、改善課題を掲げさせ、課題遂行後、どのような生産性の向上があったかを報告させるとよい。設計者は、作業能力が向上すれば、設計標準通りに設計できるようになるが、改善能力が向上しなければ、新たな付加価値を生み出すことはできない。作業を覚えてからが、本当の仕事である。

　作業能力の向上は定昇で、改善能力の向上はベアといえる。作業に慣れると、一見、生産性が上がったように見えるが、それは改善ではなく習熟で、作業能力が前任者のレベルに追い付くだけの定昇である。習熟による定昇だけでは、個人の成長はあったとしても、会社の生産性が高まったわけではない。ベアによる生産性の向上がなければ、会社は成長しない。

　ミスという問題発生の要因が、単に、習熟していないだけというケースは多い。新人が配属される度に、業務改善課題と称して、習熟を課題にする例も見られる。しかし、習熟するだけでは、改善ではない。習熟すれば、改善がなくても、ミスは減ってくる。前任者のレベルまで習熟した後、それを超えるのが改善である。前任者より、新人のミスが減らなければ、改善にはならない。なお習熟を早めることは改善になる。ただし、その効果は、次の新人で確認する必要がある。

7．人事制度のあり方

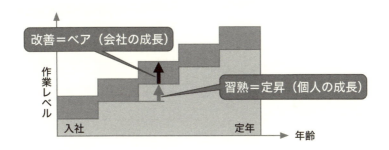

7-1-3．何を改善したかが重要

　研究論文の質は、テーマで80％が決まるといわれるが、改善も同じである。マネージャーの役目は、部下に適切なテーマを与え、良い仕事をしてもらうことである。テーマの設定は、マネージャーの一番の仕事である。テーマは、自分で探すのが基本だが、その良し悪しは、マネージャーがチェックすべきである。新人の研修テーマであっても、目的は改善であり、理解度向上のような勉強目的のテーマはなしである。中堅職なら、当然、会社、部、室として、優先度の高いテーマの設定が求められる。

　とは言いつつ、仕事で改善を進めるなら、テーマの設定は、必ずしも必要ではない。仕事とは別に、無理にテーマを探そうとすると、仕事と乖離し、改善のための改善になる可能性が高い。状況が変わればテーマの変更も必要になるから、むしろテーマの設定などしないほうがよい場合も多い。やり難い、時間がかかる等の問題意識から出発して、テーマなど意識せずに仕事をした結果として改善ができているのが理想である。

　テーマより、結果のフォローを重点にすべきである。テーマは何でもかまわないから、年度末に、自分が改善したことを報告させるようにす

ればよい。皆が報告をするようになったら、自分もやらなければという気になる。

　マネージャーは、常に、部下に改善を促すべきで、作業をやらせるだけでは、マネージャー失格である。結果を確認する面談では、何をやったか（手段）ではなく、何を達成したか（目的）を問いかけてもらいたい。確認すべきは、どのような作業をしたかではなく、どのような改善をしたかである。「あなたは何を改善したか？」という問いへの回答である。

7-2. 仕事そのものが改善であるべき

　間接スタッフに求められるのは、圧倒的な生産性の向上である。必要なのは、各自の問題意識と改善能力であり、スタッフ各人が、どういう意識で日常業務に携わるかが決定的に重要である。

　スタッフは、仕事そのものが改善でなければならない。QC活動がなくても改善が進む、部、室等の課題に取り組んだ結果が改善になるのが、あるべき姿である。

　よくいわれる、意識を変えるとは、仕事と改善は別という意識を払拭することに尽きる。これは、言うのは簡単だが、本当に変えるのは容易ではない。少なくとも、○○活動や××運動で変わるようなものではない。これらの活動は、それ自体が目的化した、結果を問わない一過性の活動に終わるケースがほとんどである。形式的実行となって、定着することなく消えていく。

　○○活動で変えるという発想から見直すべきである。本当に変えるには、OJTに根差した、世代をまたがる息の長い取り組みが必要で、これは、一朝一夕にできることではない。

154

7. 人事制度のあり方

7-2-1. ホワイトカラーの働きには改善が必須

　直接部門では、皆が同じ作業を行い、成果は集団で発揮され、問題も共通である。よって、直接部門なら、同じ作業を集団で改善するというのは有効であろう。また、直接部門の場合、作業がダイレクトに付加価値を生む。付加価値を生むとは、直截に言えば、外から金を取れるということである。直接部門は、物あるいはサービスを市場に提供し、対価をもらうことで付加価値を生むから、たとえ改善がなくても、作業自体に意味がある。

　一方、間接部門（特に、管理企画スタッフ）では、各人の作業が異なる場合がほとんどであり、同じ作業を集団で改善するという構図が成り立たない（作業スタッフなら成り立つ）。また、間接部門は、直接部門を通じて、間接的に、付加価値を生むことに貢献するが、その作業自体が、ダイレクトに付加価値を生むことはない。経理部が、どれだけ立派な決算書を作っても、売物にはならない。

　ホワイトカラーの働きには、改善が必須である。ホワイトカラーは、作業に埋没してはならない。常に、自分の業務は自分で改善するという意識を持つべきである。

　なお、直接部門でも、付加価値を増やすためには、改善による生産性の向上が欠かせない。熟練技能も、ロボットに追いつかれる可能性がある。今後の技能研修では、改善能力を高める教育が、より重要になる。

7-2-2. 意識と能力が問われる

　直接部門では、作業ができるかどうかが評価基準であり育成の指標になるが、間接部門では、改善ができるか、その意識と能力があるかどう

かである。作業に加えて、問題解決できることが、評価基準であり育成の指標でなければならない。一般に、技能系については、技能等級認定制度等で、作業能力と評価をリンクさせる取り組みが進められている。事務技術系についても、改善等級認定制度のような仕組みを作って、問題解決能力と評価をリンクさせる取り組みを進めてもらいたい。

直接部門の生産性を倍にするには、相当な設備投資が必要だが、間接部門では、そのような投資は必要ない。間接部門の生産性は、スタッフが改善を意識し実践することで劇的に向上させることが可能である。製品の圧倒的なコストダウンには、設計の源流に遡った見直しが必要だが、それを実現するのは、設計者の意識と能力であって、製造現場でできることではない。

チームワークの重要性は言うまでもないが、スタッフには、それに加えて、自力で結果を出せる力が求められる。世界を相手にするなら、チームワーク＋個の意識と能力が必要なのは、日本のサッカーと同じである。点を取るには、パスを回すだけでなく、自力でゴールに向かい、ゴールを決められる人材が欠かせない。

最後は、意識と能力が問われる。シンギュラリティ[注2]が話題になっているが、重要なのは、AIが意識を持つようになるかどうかである。そうならない限り、AIが人間を超えるということにはならない。

7-2-3. 問題は自分の仕事で見つける

スタッフが、仕事とは別のところで、サークルを作って、改めてテー

[注2]　シンギュラリティ（**Singularity**）
　　　AIが人間の能力を超える技術的特異点。

7. 人事制度のあり方

マを探すということではうまくない。部のミッションに照らした重要テーマを探すならまだわかるが、発表用のテーマ探しは、なしである。集まることが目的になり、その実績作りのために、テーマを考えるようでは本末転倒である。一部のスタッフが、発表のために、サークルを作って活動し、他のスタッフが無関心では、何をかいわんや、である。

　一方、先に各人のテーマがあって、その問題解決のために集まる、仕事で周りを巻き込むサークル活動はあってよい。対策のためならOKである。特に、部、室等の重要テーマを、担当者が独りで抱え込むことはない。必要に応じてサークルを立ち上げ、皆で知恵を出すべきである。マネージャーには、担当者への丸投げでなく、改善の音頭取りをやってもらいたい。

　QCの、やらされ感を払拭したいという声は多いが、サークル活動で皆の共通課題を見つけて改善するというやり方では、各自の仕事と改善が別になり、形式的実行に陥ることは必定である。報告会の前に慌てて活動する姿は、どこでも見られる。形式的実行を見抜くのも、マネージャーの役目である。

　仕事を知らなければ、問題解決はできない。仕事を一番知っているのは、スタッフ本人である。改善テーマは、自分の仕事の追求から出てくるもので、サークル活動からではない。自分の仕事の問題に気づくことは、QC活動をやるやらない以前の話である。皆で改善はよいが、間接スタッフなら、問題は、自分の仕事で見つけるべきで、加えて、他人の仕事の問題を見つけられれば申し分ない。また、改善は、時間があるときにやるものではない。忙しくてできないというなら、忙しさをなくすことを改善テーマにして取り組むべきである。仕事が降ってくる状態に慣れてしまうと、問題を発見する力が弱まる。忙しいときこそ、改善を意識した仕事の仕方を心がけるべきである。

7-3. 問題解決はOJTで教えるべき

問題解決法の研修を社外の講師に依頼する会社は多い。しかし、社外講師は、手法の指導はできても、問題解決の本当の指導はできない。受講者の仕事の目的を知らないからだ。仕事の手段と目的の違いがわからなければ、目的の掘り下げができない。目的の的が外れていては、結果の良し悪しを判断できず、問題解決の指導にならない。これは、社内の教育担当部署の講師も同じである。問題の捉え方が表面的になってしまう。問題解決のハウツー本も、載っているのは手法であって、目的ではない。問題解決法は教えられても、問題解決は教えられない。

ストライクとボールの見分け、ヒットとファールの違いは、その人、その部の仕事を知らなければ、教えられない。また、問題解決としては正しくても、その難易度が、その人の資格に見合っているかは、やはり、仕事を知らなければ判断できない。

問題解決は、その問題の仕事を担当する先輩社員が、仕事と一緒にOJTで教えるのが一番である。研修では、「わかる」まではいくが、「できる」にするためにはOJTが必須である。「わかる」と「できる」は、大違いである。OJTで仕事の目的と改善の思想を伝え、後輩を育成することは、マネージャーに限らず、すべての先輩社員の責任である。問題解決とは、その会社のDNAであり、OJTで伝えるべきものである。手間はかかるが、それを惜しんでは、人は育たない。

人事は、職場にOJTを任せておしまいではない。問題解決の目的と結果の良し悪しを教えられる、OJTができる人材を育てるのが人事の役目である。そのための研修を実施すると共に、結果を最後までフォローしてもらいたい。人材育成の仕組みを絵に描いても、結果をフォローしなければ、結局、人材育成の形式的実行になる。大事なのは、仕組みで

7. 人事制度のあり方

はなく、働きかけであり、人事が結果にコミットすることである。

7-3-1. 肝は目的の問いかけと結果のフォロー

問題解決は、OJT で指導すべきだが、OJT か OFFJT かは、実は、本質ではない。大事なのは、中味である。肝は、手段の指導ではなく、目的は何かを問いかけ、その目的がどうなったか、結果をフォローすることである。

生産性向上を目指すなら、目標管理課題、研修課題から日常業務に至るまで、あらゆる場面で、目的と結果のフォローが必要である。確認すべきなのは、やったことではなく、生産性向上という目的が達成されたかである。それが難しいときは、目的を達成できると確信する根拠を確認すべきである。目的に焦点を当てなければ、生産性向上は、ただのお題目に終わる。

業務改善の一環で、やったことと作業時間を記録させるなら、あわせて、目的は何かを記入させ、その目的がどうなったかをフォローしてもらいたい。大事なのは、常に、目的の状態を確認し、フィードバックすることである。年1～2回、考課の時期の面談で確認するだけでは、人材育成にはならない。

仕事の目的を意識すること、手段より目的の追求が大事なのは誰でもわかっている。わかっているが、できない。目的の追求は、手段に比べて、はるかに難しい。フォローも、簡単ではない。面倒なことをしたくないのは、人間の心理である。上司が手段で OK してくれるなら、そのほうが楽である。どのような業務も、放っておけば、手段に流れる。手段でなんとかなっているうちはよいが、ゆでガエルになってからでは手遅れである。

159

7-3-2. 目的にこだわる

　問題解決は、目的にこだわらねばならない。プレゼンの出来を評価する前に、まずは、テーマの目的を達成しているか、結果が出ているかを評価すべきである。結果の報告であれば、A3判1枚で十分である。膨大な工数をかけてプレゼンのためのパワーポイント資料を作るまでもない。

　結果を評価というと、成果主義云々と言われそうだが、仕事である限り、目的達成という結果を重視するのは当然であろう。結果よりチャレンジを重視すると言っても、チャレンジのレベルアップには、結果の見極めがいる。改善の形式的実行を防ぎ、真の改善に向かわせるためにも必要である。これは、成果主義でも何でもない。むしろ、そういわれるくらいに、ミッションを意識し、目的にこだわるのであれば立派といえる。

　価値創造、お客様満足、人材育成、職場力強化、風土づくり等のテーマを掲げて、手段の報告で終わってはならない。どのような状態になれば目的を達成したといえるのかを明らかにし、結果を確認すべきである。

　結果の確認が困難な課題では、往々にして、手段を実行することが目的になり、目的への意識が薄れてしまいがちである。そのような、手段の形式的実行を防ぐには、課題に取り組む前に、仕事をわかっているマネージャーが手段の良し悪しをチェックする機会を設けるべきで、それが真の目的の達成を担保することになる。

　なお、結果が良ければすべてOKということではない。結果が本物かを調べるプロセス評価が必要である。ただし、それも結果があってのことである。結果なしの花マル評価では、長い目で見ると、本人のために

7．人事制度のあり方

も、会社のためにもならない。

7-3-3. 仕事の真贋を見分ける目を養う

　問題解決の手法を会得するのは難しくない。難しく、かつ一番大事なのは、結果を出す本物の仕事と形式的実行による贋物の仕事を見分ける目を持つことである。作業と仕事、手段と目的の違いを意識し、仕事の真贋を見分ける目を養ってもらいたい。

　本物の仕事である限り、生産性向上という結果を求められる。頑張りでアピールするのがアマ、結果でアピールするのがプロ、ヒットを打つと宣言するのがアマ、黙って打つのがプロである。プロは、結果で評価される。イチローはヒットを打たない限り、いくら練習してもほめられない。プロに苦労話は不要である。

　プロであるべきなのは、会社員も同じである。ミス、やり直し、クレーム等のトラブルを防ぐのは、自分の仕事に責任を持つというプロ意識である。これは自工程完結にも通じる。担当者は、マニュアル通りの作業ではなく、原典にあたり、足元を掘り下げ、さらに前後に広げて、その業務分野のプロ、第一人者を目指すべきである。日本で第一人者になるのは大変だが、会社の中でなら難しくない。

　世界中の競争相手は、結果を求めるプロ集団である。彼らを相手に、お祭りQCでよくがんばりましたとほめられるアマサラリーマンでは、勝ち目はない。日本企業の効率化、生産性向上は待ったなしである。攻め込まれてから慌てても、後の祭りである。

8. QCの現状と課題

　元青山学院大学大学院教授吉田耕作氏によれば、日本のQC衰退の要因は、QC大会での優勝のような外因性のモチベーションに頼り過ぎたことだという。発表の数日前に、充実した活動を装った立派な発表をするための準備をするというような建前がはびこった結果、モチベーションが低下したのだという。QC活動の活性化には、内因性のモチベーションに基づく動機づけが必要という指摘には同感である。

　祭りと式典は、形骸化するほど立派に見えるという。QCに限らず何事も、形式的な実行に慣れてしまうと、本質を見失う。QCの目的は改善であって、大会で優勝することではない（はずである）。改善があってのプレゼンである。苦労話を強調するようになどと、マネージャーが指導するようではおかしい。どこの会社も、生産性を高めよう、仕事の付加価値を増やそうと盛んに言っているが、改善よりも、膨大な工数をかけて作ったプレゼン用のパワーポイントの良し悪しが評価されるようでは、担当者も、本気で改善に取り組む気がなくなるであろう。

8-1. QC＝サークル活動という誤解

　QC活動というとサークル活動のことと思っている人がいる。これは、昔、QCを広めるにあたって、労組の反発を恐れ、生産性を前面に出さなかったことの後遺症ともいえる。

　QC活動は改善活動である。生産性向上があっての、組織の活性化であり、サークル活動である。組織の活性化がメインなら、その手段

8. QC の現状と課題

がQC である必要はないし、QC サークルで集まるだけでは、活性化しているともいえない。マネジメントやコミュニケーションが目的なら、QC サークル活動ではなく、コミュニケーションサークル活動とすればよい。

サークル活動に重点を置いた QC 活動は、お祭りになる可能性が高い。人間社会、組織に祭りは必要であり、その題材に QC を使うなら、それはそれで考え方である。しかし、QC で問題解決能力を高め、生産性向上を目指すというなら、祭りでは、うまくない。

QC サークル活動による人材育成の理念はよいが、最後は、生産性の向上という結果が必要である。大事なのは、手法や活動の良し悪しのような枝の議論ではなく、生産性の向上という幹の議論である。間接スタッフの QC 活動では、生産性に焦点を当て、明確な結果が出ることでモチベーションが上がり、さらに結果が出るという良い循環を作るべきである。

8-1-1. QCの衰退とは

QC の衰退とは、要は、間接部門で機能していないということである。理由はいろいろあるだろうが、QC が TQM [注1] となって、管理企画スタッフまで広がったとき、直接部門のやり方を踏襲し、サークル活動にこだわったこと、そして思想を伝えなかったことが、今日の状況を招いているのではないかと考える。

皆が同じ作業をする直接部門（間接の作業スタッフを含む）なら、サークル活動でテーマを探すことは、意味がある。また、直接部門の場

[注1] **TQM: Total Quality Management**

合、ほとんどの問題が、初めから、生産性の問題であることが明らか
で、改めて思想を意識しなくても改善が可能である。しかも、作業がダ
イレクトに付加価値を生むから、サークル活動だけで、改善がなくても
許される。

　一方、仕事がそれぞれ異なる間接部門、特に、管理企画スタッフで
は、サークル活動でテーマを探そうとすると、QC が各自の仕事から離
れてしまう。その結果、ファイリング等の、サークルメンバーに共通な
小粒のテーマを見つけて取り組むことになり、大きな効果は期待でき
ず、サークル活動に時間を取られて、かえって生産性を落とすことにも
なりかねない。また、そのような改善を続けた結果、次の改善テーマが
見つからないという声も聞こえてくる。

　さらに、間接部門では、問題の見極めが難しく、思想を知らないと、
的外れな取り組みになる。手法をいくら勉強しても、思想を知らなけれ
ば、問題そして結果の良し悪しを判断できず、改善には行き着かない。

　生産性向上の方策については、直接部門と間接部門を混ぜこぜにした
議論を目にすることが多いが、それぞれの特性に合わせた取り組みをし
なければ、効果は上がらない。

8-1-2. 形式的実行を助長

　QC 教育で、QC ストーリーに沿った取り組みを強いることは、目的
が、問題解決ではなく、QC ストーリー作りになり、その形式的実行を
助長し、仕事のスピードアップを阻害する。QC の形式的実行なら、ま
だ実害は少ないが、それがすべての業務に広がった時が怖い。

　形式的実行の蔓延による一番の弊害は、目的が置き去りにされること
である。それは、手段の目的化という形で現れる。目的を考えずに、前

例に倣って、同じ手段をそのまま実行するケースは、どこの部署でも見られる。開発のやり直し、品質問題、事務品質の劣化等のかなりの部分は、形式的実行に起因している。新商品の開発で、標準通りの設計、実験を進めるだけでは、品質問題は防げない。目的は同じでも、条件が変われば、手段は変わるはずである。常に目的を問い、変化点を見極め、手段を考えるという姿勢が大事である。

決められたことに黙って従うほうが楽である。形式的実行でも、やっていれば、とりあえず文句は言われない。その結果、規則を守ることが目的になり、自分の頭で考えなくなる。よほど意識して気をつけないと、いつの間にか、手段と目的の転倒が起こる。勝つことではなく、戦うことが目的になっては、勝てるわけがない。

形式的実行を形式的実行と思わなくなった時が危ない。意見を言うより、波風を立てないことが優先されるようでは、形式的実行はなくならない。フォルクスワーゲン、東芝、三菱自動車等の大企業の不祥事も、その根は同じである。おかしいと思ったら声を上げ、互いに本音で議論すべきである。そのようなコミュニケーションを取れるかどうかが、勝負の分かれ目になる。

8-2. QCの原点回帰が必要

日科技連によるQC活動の基本理念は、①人間の能力を発揮し、無限の可能性を引き出すこと、②人間性を尊重して、生きがいのある明るい職場をつくること、③企業の体質改善・発展に寄与すること、となっている。能力を引き出せたか、人を生かせたか、企業の体質改善、発展に寄与したかは、結局、改善したかどうか、生産性を高めたかどうかで測られる。それがなければ、基本理念を実現したことにはならない。

「日本ものづくり・人づくり質革新機構」の提言にもあるように、QC活動の目的は、「個人の成長を支援する活動」、「経営に貢献できる活動」である。QCは、職務遂行能力の向上と会社業績の向上に有効と、誰もが実感できる取り組みにすべきである。QCによって、問題解決能力が向上し、職務遂行能力が高まり、延いては、自分の価値が高まり、さらに、経営へ貢献できると思えれば、活動のモチベーションは上がるはずである。能力が高まり、どのような職場でも通用するようになれば、本人にとっても大きな自信になる。

8-2-1. 科学的アプローチで生産性を高めるのがQC

　組織の活性化は、それによってモチベーションが上がり、結果として生産性が上がることを期待してのことである。組織が活性化すれば生産性が上がるというのは、一般論としては、正しいであろう。しかし、自社で本当にそうなっているかは、検証が必要である。確認すべきは、サークルの活動状況ではなく、時間外が減った、クレームがなくなった等の生産性向上の結果が出ているかどうかである。

　組織の活性化で生産性を上げるというのは、奉仕の精神、お客様第一等を標榜するブラック企業によく見られる。これらの企業は、組織の活性化を企業理念への共感と称して無休（無給）で働かせ、無理やり生産性を上げているのが実態である。組織の活性化による生産性向上が長時間労働になるようでは論外である。また、生産性を高めると称して行われる、無駄な仕事を見つけて止めるという活動も、一時しのぎの生産性向上で、結局、時間外も人も減らない。

　経営環境の悪化、グローバル競争の激化に絡めて、生産性や効率化に言及する経営者は多いが、気合やお祭りでは、本当の生産性向上にはな

らない。時間外削減の目標を掲げるだけでは、お祭りである。個々の業務の工数目標を立て、効率化に取り組んだ結果としての時間外減でなければ意味がない。

精神論や一時しのぎではなく、プライマリ問題（目標）を見極め、要因（手段）を明らかにし対策する、科学的なアプローチで生産性を高めるのが真の QC である。

8-2-2. 全員を戦力にするのがQC

生産性を高めることは、職位に関係なく、誰でも可能であるし、そうしなければならない。育てるべきは、世界中どこへ行っても通用する、改善ができる人材である。

サークル活動は、サッカーチームのチームワークを高める活動といえる。チームワークは大事だが、最後は、点を取らねばならない。そのために、シュートの技術を教え、誰でもゴールを狙えるようにするのがQC である。目標は、一部のエリートではなく、すべての人を新たな付加価値を生み出す人材に育てることで、QC の全員参加とは、全員が戦力になる、レギュラー選手になるということである。

リオオリンピック男子400 m リレー銀メダルの日本選手のチームワークは素晴らしかったが、各人の走力も、日本としては史上最強だった。各人に一定レベルの力がなければチームワークも生かせない。

日本の QC には、チームワークの土台になる個の意識と能力を高める活動が欠けていた。企業の競争では、サッカーと違って、チームの人数に制限はない。エリートチームに勝つために、スーパースターはいなくても、ゴールに向かう選手をたくさん育てればよい。

8-2-3. 最後はポリシー

　問題解決に必要なのは、QC的なものの見方、考え方、手法といわれるが、その上にあるのが思想である。従来のQC教育は、細かな手法の指導が中心で、思想を伝えてない。言い換えると、問題の見分け方、結果の良し悪しを教えてこなかった。的外れな問題解決を見て、なぜなぜをやらないからだというマネージャーがいるが、これは、なぜなぜをやらないからではなく、何が目的か、何が正しい結果なのかをわかっていないからである。

　QC教育は、テクニカルな話より、問題とは何か、改善とは何か、結果とは何かを教えることが先である。焼物作りと同様、土のこね方より、物の良し悪しを見分ける目を養うことが大事である。それが理解されないと、皆で仲良くマニュアル作り、仕組み作り、データベース作りが改善だということになってしまう。そして改善したつもりになって、形だけの使われないマニュアルや仕組み、データベースが作られ、かえって余計な工数を使い、生産性を落とし、担当者には徒労感だけが残ることになる。

　日本のQCは、俯瞰すれば、個や独創より、組織に従順な人間を育てるために機能してきたといえる。均一な集団をつくって生産性を高めるという、大量生産時代の直接部門の成功体験を引きずっている。これからの時代、本気でホワイトカラーの生産性向上を目指すなら、スタッフ一人ひとりの自立と改善能力の向上が欠かせない。

　大事なのは、「スタッフは自分の仕事そのものが改善であるべき」というマインドの醸成である。スタッフは、今より、はるかに大変になる。祭りで踊っているほうが楽である。意識や働き方改革が、掛け声倒れに終わるのは、変えないほうが楽だからである。今までそれで乗り

8．QC の現状と課題

切ってきたのだから、このままでよいではないかというのも、一つの考え方である。祭りを続けるのか、変えるのか、いずれを選ぶかは、良い悪いではなく、ポリシーである。

9. 仕事のOSについて

　いわゆる職務遂行能力は、問題解決能力とマネジメント能力に分けられる。さらに、問題解決能力は、改善能力と専門能力に分けられる。
　改善能力は、コンピュータ用語でいうところの仕事のOSであり、様々な課題を遂行するための土台となる能力である。そういう意味で、QC思想・手法の実践能力も仕事のOSである。専門能力は、仕事のアプリであり、設計、製造、財務、法務等の様々な専門知識である。
　コンピュータは、OSがあって、初めてアプリケーション（アプリ）を実行できる。アプリは、OSなしでは動かない。人間も同じで、いくら専門能力（アプリ）があっても、それを生かす土台の能力（OS）がないと、仕事にならない。アプリは、異動や転職で仕事が変わると、生かすのは難しくなるが、OSは、どんな仕事でも生かせる。アプリと並行してOSを鍛えるべきである。

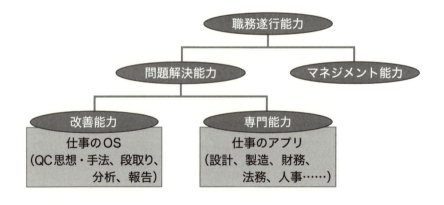

9. 仕事の OS について

　以下、仕事の OS として、段取り能力、分析能力、報告能力の3つを取り上げる。

9-1. 段取り能力

　段取り能力とは、仕事を手の内にする能力といえる。仕事のゴールを意識し、リソーセスを含めて完成までの手順を組み立て、計画的に遂行する能力である。この能力が不足していると、いくら QC 思想・手法を学んでも、現場で実際に成果を上げることは難しい。

　段取り能力が必要になるのは、問題解決課題を遂行するときである。半年から1年、場合によっては数年後に結果を問われるような仕事をしないと、この能力は高まらない。目の前の業務を、モグラ叩きでこなしているだけでは身につかない。

　業務の中には、日々状況が変化し、常に個別に対応しなければならないこともあるが、何も考えないで対応しているだけでは、いつまで経ってもモグラ叩きのままである。また、ある意味、日常業務に埋没してモグラを叩いているほうが楽である。

　モグラを叩くなら、モグラがいつどこに出てくるかを予測し、計画的に叩くべきである。そうすれば、ただのモグラ叩きではなくなる。モグラの一掃も可能で、大幅な生産性の向上になる。

　段取り能力のポイントは、仕事の「逆算と推進」、「分解と割り付け」である。

9-1-1. 仕事の逆算と推進

(1) 仕事の逆算

　課題を遂行するときは、ゴールのアウトプットイメージとタイムリミットを確認し、ゴールに向けて、いつまでに、誰が、何をやるかを決める。これが仕事の逆算である。バックキャスティングなどという格好良い言い方もあるが、要は、OP 表（オペレーションシート、作業工程表）を作ることである。これができるかどうかが、仕事の出来栄えを左右する。

　重要なのは、アウトプットイメージを早く作ることである。あるプロジェクトについて、経営会議で決裁を得るならば、まずは、どのような資料が必要か、決裁に必要なパラメータは何か、そのパラメータを評価するためのデータは何か等を考え、アウトプットイメージを明らかにする。車の開発で言えば、試作車である。後は、議論が進む中で、適宜、それをブラッシュアップしていけばよい。アウトプットイメージができると、今まで出なかったような議論も生まれてくる。早く形を見せるべきである。

9. 仕事の OS について

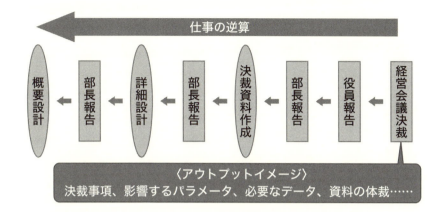

(2) 仕事の推進

　仕事の推進は、開発で行われているコンカレントエンジニアリングが基本である。サイマルテニアスエンジニアリングともいわれる。これは、事務の仕事にも有効で、要は、複数の工程を同時並行で進めるということである。前工程が終わってから次工程に進むのでは、途中でつまずいた時点でタイムオーバーだが、各工程が情報を共有化し、同時スタートしていれば、リカバリーが効く。

　コンカレントエンジニアリングでは、アウトプットイメージを共有化することが大事である。川下と川上で常に情報交換し、フィードバックしていれば、経営会議の直前で役員のちゃぶ台返しに遭うこともなくなる。

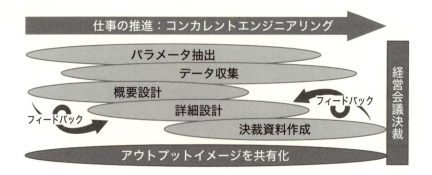

9-1-2. 仕事の分解と割り付け

　課題に取り組むにあたっては、その難しさを判断できる目を持つことが大事である。その判断を誤ると、課題に取り掛かってから、リソースも時間も不足し、完成まで辿り着けないということになる。
　難しさの評価には、概略、以下のような判断基準が考えられる。

- 必要な知識、技術のレベル
- 考慮すべきパラメータ（経済情勢、社会構造、法律等）の質、量
- コントロールすべき対象（顧客、役員、他社、行政等）の質、量
- 仕事の成否（責任の大きさ）の影響度
- 新規性（日本初、世界初、史上初等）のレベル
- 現状との落差（極めて高い目標、前例がない等）のレベル

これらの判断基準で自分の課題を評価すると、とても自力では遂行できないと思われることがある。その時に必要なのが、仕事の分解と割り付けである。

9．仕事のOS について

⑴ 仕事の分解

　難しく見える仕事（ミッション）も、ジョブ、タスク、オペレーション、モーションと分解していけば、最後はモーションになる。これが仕事の分解である。どのような難しい仕事も、モーションまで分解できれば、誰でも実行可能である。

⑵ 仕事の割り付け

　ジョブ、タスク、オペレーション、モーション、それぞれの作業に最適なリソーセス（自分、部下、関係部署、協力業者等）を充てるのが、仕事の割り付けである。部下に、その資格にふさわしいレベルの仕事を与えるのは、マネージャーの役目である。

　通常、大きなプロジェクトでは、大勢の人と協力して、分解と割り付けを行う。人工衛星を打ち上げるというミッションは、ロケットの設計、製造等のジョブに分解される。製造のジョブは、部品手配、加工、組立等のタスクに分解される。さらに、部品手配のタスクは、仕様書作成、発注等のオペレーションに分解される。そして、発注のオペレーションは、電話をかける、すなわち、最後は電話のボタンを押すというモーションになる。

　分解ができたら、設計は開発部門、製造は専門メーカーというように、それぞれの作業に最適なリソーセスを割り付ければよい。ミッションの達成に向けて、最も効率的なプロセスを編み出すのがマネジメントである。

175

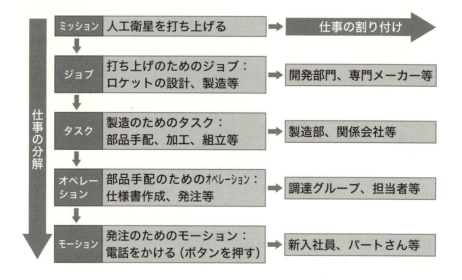

9-2. 分析能力

　最近、「情報を評価、識別する能力」ということで、情報リテラシーとかデータリテラシーの重要性が叫ばれている。実験では、データの妥当性を評価できないと、結果の良し悪しを判断できない。また、CAEでは、応力や振動等の計算結果を誰でも簡単に出せるようになったが、工学的な知識が足りないと、おかしな結果が出ても、それを見抜くことができない。

　分析能力とは、そのようなリテラシーの一つで、データを読み取り、解釈する能力のことである。要は、原因を見抜く能力であり、仕事のOSの中でも特に重要である。原因を見抜けなければ対策を誤り、問題解決にならない。

　要因解析の項で述べたように、原因とは、人間がコントロールできる

9. 仕事の OS について

要因でなければならない。QC 教育では、原因を見つける手法として要因解析を教えるが、重要なのは手法ではなく、原因についての正しい理解であり、どうやって原因と結果の因果関係を確信するかである。

9-2-1. 相関関係があっても因果関係があるとは限らない

様々な人の体重と身長をグラフ上にプロットすると、体重と身長には相関関係があることがわかる。これから、体重と身長に因果関係があると判断するのは、もちろん誤りである。たくさん食べて体重を増やしても、身長が伸びることはない。たくさん食べることは、背を高くするための対策にはならない。

また、アイスクリームの売上高と水死者の数には相関関係がある。気温が上がるとアイスクリームの売上高が増えると共に泳ぐ人が増え水死者の数が増えるからである。この相関関係があっても、アイスクリームの売上高を増やせば水死者が増えるという因果関係はない。アイスクリームの売上高を減らせば水死者が減るということもない。すなわち、アイスクリームの売上高を減らすことは、水死者を減らす対策にはならない。

少し専門的になるが、この事例の気温は、交絡因子といわれる。交絡因子は、本来因果関係がない二つの現象（この事例では、アイスクリームの売上高と水死者の数）の間に相関関係を生じさせる。このような現象は、相関関係があっても、因果関係があるわけではない。言うならば、交絡関係である。相関関係から因果関係を論ずるときは、交絡因子の存在に気をつけねばならない。

177

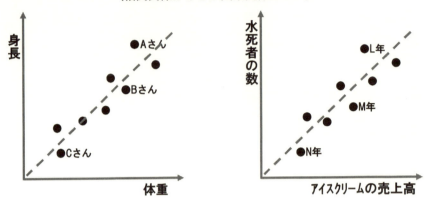

　体重と身長のような例なら、因果関係がないことは明らかだが、もっと複雑な事象になると、相関関係があるというだけで因果関係があると判断する例が見られる。二つの現象、AとBに相関関係があっても、因果関係があるという保証はない。相関関係の有無と因果関係の有無は別である。いくら相関関係の統計的な有意性が高くても、因果関係が証明されるわけではない。相関関係自体には、因果関係の情報はない。交絡因子の有無等のデータ構造[注1]についての情報を外から持ってこない限り、数字の束にどのような数学的処理を施しても、因果関係が証明されることはない。

(注1)　データ構造
　　　どのようなサンプルからどのような方法でデータを得たか。

9. 仕事の OS について

〈相関関係があっても因果関係があるとは限らない〉

相関関係		因果関係？
景気が良くなると賃上げ率が高くなる	➡	賃上げ率を高くすれば景気が良くなる？
長生きの人は握力が強い	➡	握力を強くすれば長生きできる？
東大生はノートがきれいである	➡	ノートをきれいにすれば東大に入れる？
業績の良い会社は賞与が多い	➡	賞与を多くすれば業績が良くなる？

9-2-2. 因果関係とは因果判断ができること

　二つの現象、AとBの間に因果関係があることを確信するためには、「AにすればBになる」という判断ができなければならない。これを因果判断という。「すれば」とは、Aを人間がコントロールできる、すなわち対策できるということである。このとき初めてAはBの原因と呼べる。食べる量を多くすれば体重が増えるというのは、実験による因果判断で、食べる量と体重には因果関係があるといえる。

　一方、体重が重い人を選べば身長が高い人を選べるというのは、「Aを選べばBを選べる」という判断で、これは、選別判断と呼ばれる。体重と身長には、相関関係はあるが、因果関係はない。また、アイスクリームの売上高が増えれば水死者が増えるというのは、「AになればBになる」という判断で、これは、予測判断と呼ばれる。やはり、アイスクリームの売上高と水死者数には、相関関係はあるが、因果関係はない。

179

因果判断 ［AにすればBになる］	食べる量を多くすれば体重が増える
選別判断 ［Aを選べばBを選べる］	体重が重い人を選べば身長が高い人を選べる
予測判断 ［AになればBになる］	アイスクリームの売上高が増えれば水死者が増える

人間がコントロールできる

　相関関係とは、哲学の認識論でいう表象（意識に現れる像）である。嘘をつかない限り、表象自体に真偽はない。表象に判断を加えたときに真偽が生じる。因果関係とは、相関関係という表象に因果判断を加えることであり、このとき誤る可能性がある。誤った因果判断から、誤った対策をしてはならない。有効な対策を打つためには、正しい因果判断が不可欠である。

　相関関係と因果関係の区別はデータリテラシーの基本である。特にSQCで、観察データ（非実験）を基に多変量解析を使って相関を分析するような場合、相関関係と因果関係の混同による誤った対策を実施することのないように気をつけたい。

9-2-3. 共通点が原因と思う誤解

　業績の良い会社を調べると、福利厚生が良く教育制度が充実し賃金水準が高いという共通点が浮かび上がるであろう。企業業績と福利厚生、教育制度、賃金水準との相関関係である。そこで、業績を良くするには、福利厚生を良くし教育制度を充実させ賃金水準を高めればよいと思いがちだが、業績が良いからこそ、そうなっているのかもしれない。こ

の相関から可能な判断は、因果判断ではなく、「福利厚生が良く教育制度が充実し賃金水準が高い会社を選べば、業績が良い会社を選べる」という選別判断である。

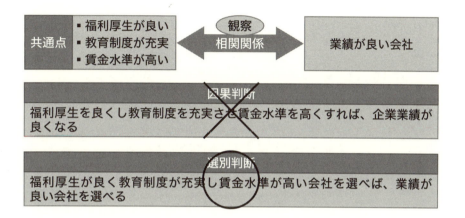

　研究機関が、「食べるのが早い人ほど太め」という論文を発表すると、マスコミが勝手に、「早く食べれば太る」という因果判断に置き換えてしまう例も見られる。相関だけで因果関係を言い募るのは、やり過ぎである。栄養吸収が良いから、太めで早食いなのかもしれない。確実なことは、「食べるのが早い人を選べば、太めの人を選べる」という選別判断だけである。

　ある事象の共通点を探して、その共通点が原因であると思うのは、よくある誤解である。長寿の人はよく笑うから、笑うことが長寿の原因であると思うような例である。原因の可能性はあるが、断定するのは早計である。元気だから、長寿で、よく笑うのかもしれない。笑っている人は長生きすると予測することは、正しいが、笑うようにすれば長生きするかどうかは、わからない。

経営の本によくある、成功企業の共通点を分析して成功の原因を探る
というような論も、同様である。共通点が原因と早とちりしてはならな
い。共通点は、原因ではなく、結果かもしれない。食物と人の寿命の関
係を分析すると、「○○を食べていれば寿命が△分延びる」というよう
な相関関係が見つかる。これは、予測としては正しい。しかし、「○○
を食べれば寿命が△分延びる」という因果関係は不明である。これを証
明するには、後述するように、実験による確認が必要である。

　なお、相関から因果を議論するなら、追跡調査（変化）のデータを確
認すべきである。体重と身長には相関があるが、体重の変化と身長の変
化にはない。すなわち、因果関係はないとわかる。変化のデータに相関
があるなら、因果関係は不明だが、相関がないなら、因果関係がないこ
との証明になる。

9-2-4. 因果関係の証明には実験が必要

　因果関係とは、コントロールできる要因と結果の関係であり、証明す
るなら、人間の操作、すなわち実験が必要である。AとBの相関関係を
確認できたとき、実験であれば、「Aにすれば」という人間の意志が入
るから、「AにすればBになる」という因果判断ができる。観察（非実
験）からは、この判断はできない。観察からいえるのは、「Aを選べば
Bを選べる」という選別判断、あるいは、「Aになれば（or であれば）
Bになる」という予測判断だけである。選別判断や予測判断では、Aは
原因ではなく、AとBに因果関係があるとはいえない。

9．仕事のOSについて

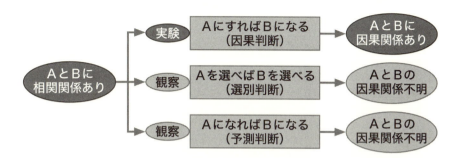

　相関の議論で重要なのは、その有意性に加えて、時間の前後と交絡因子の議論である。AとBの因果関係を主張するならば、AがBより先に起きていること（時間の前後）と交絡因子がないことの確信が必要で、それを可能にするのが実験である。

〈因果関係を証明するなら実験すべき〉

相関関係	因果関係？
健康な人は楽天的である	楽天的にすれば健康になれるか？
金持ちの家はトイレがきれいである	トイレをきれいにすれば金持ちになれるか？
業績の良い会社は職場がきれいである	職場をきれいにすれば業績が良くなるか？
業績の良い工務店は技術力が高い	技術力を高くすれば業績が良くなるか？

　因果関係を証明するなら実験すべきだが、それが困難な事象も多い。その場合、一般的に、疫学（観察、非実験）による研究が行われる。疫学は、相関関係を見つけ、因果関係の可能性を示唆するが、重要なの

183

は、時間の前後と交絡因子の有無の確認である。実験できないなら、これを演繹的に導く（確認する）べきで、その上で、因果関係を主張するなら、まだ説得力がある。

アスベスト工場で働いていた人は肺がんになり易いという。肺がんになり易い人がアスベスト工場で働くようになるとは考えられず、時間の前後は、アスベスト工場で働くことが先である。また、肺がんを発症させると同時にアスベスト工場で働くことを促すような交絡因子があることも考えられない。よって、時間の前後と交絡因子の排除を確信できるから、アスベストと肺がんの相関関係から因果関係を主張することは、妥当である。

しかし、どれだけ、アスベストが先、かつ、アスベストと肺がんの交絡因子はないと確信しても、それが完全に証明されるのは、アスベストを禁止したことで、何十年後かに、肺がんの発症が減ったとわかったときである。すなわち、実験結果が出たときで、最終的に、因果関係の証明は、実験になる。

疫学調査で、井戸水と赤痢の相関関係が明らかになった場合、その井戸水を飲むことを禁止したら赤痢患者が減ったなら、これは実験で、井戸水と赤痢の因果関係を証明したのである。井戸水を飲むことと赤痢の発症に交絡因子はないと確信し、因果関係を主張しても、それが証明されるのは、井戸水を飲むことを禁止するという実験結果が出たときである。

実験しなくても、観察で因果関係を証明できると主張する疫学の先生もいるが、観察で証明できるのは、相関関係であって、因果関係ではない。観察から導かれた相関関係に基づいて対策した結果、効果があるなら、それは実験で因果関係を証明したことになる。因果関係を証明したのは実験であって、観察ではない。統計学に精通し、いくらデータ解析

9. 仕事の OS について

のスキルが高くても、非実験のデータを扱う限り、相関関係の有無はわかるが、因果関係は不明である。相関関係から因果関係を主張するなら、因果判断と選別判断、予測判断の違いを認識した上で、交絡因子がないことの確信も含めて、主張すべきである。

9-2-5. 因果関係の究極の証明は実験

　因果関係の根拠に相関関係を挙げる例は多いが、相関関係を見つけることは、因果関係の研究のスタートであって、終わり（証明）ではない。相関関係を見つけただけで、交絡因子に言及することもなく、原因を断定するのは行き過ぎである。握力と寿命の相関を発見しただけで、握力トレーニングを推奨するのは無責任である。体重と身長には相関があるから、体重を増やせば身長が伸びると言うのと変わらない。握力と寿命の相関は、体力が交絡因子で、体力があるから、握力が強く、長寿なのかもしれない。握力と寿命の因果関係を唱えるなら、握力アップで寿命が延びることを、実験で証明してからにすべきである。そうでなければ、因果関係の可能性があるから、握力アップを試してほしいというのが正しいスタンスである。

　相関関係から因果関係を主張するだけでは、研究として不十分である。相関関係から導いた因果関係の仮説を、実験で検証するというのが、あるべき姿である。長寿者の食べている食物が、長生きの原因であることを証明するなら、多くの人に、それを食べさせ、寿命が延びることを確認する必要がある。人では時間がかかるというなら、少なくとも、動物で実験すべきである。実験できる事象なら、実験で確かめるべきで、不可能なら、選別判断あるいは予測判断に止めるべきである。

　因果関係の主張が正しいかどうかは、実験しているかどうかがポイン

185

トになる。ある現象の原因を主張する記事を読んだら、実験で確かめているか、実験が可能かを問うべきである。実験不可能なら、記事に、いくら原因とおぼしきものが書かれていても、その真偽を確かめようがない。実験できないということは、対策できないということである。対策できない要因（すなわち、原因ではない）を知ったところで益はない。観察された現象は事実としても、原因に関しては、我々の好奇心をくすぐるだけの意味のない情報である。この記事には、起きている現象以上の情報はない。中には、実験できない（確かめようがない）ことをよいことに、原因と称して、好き勝手な説を唱える例も見られる。対策できないことを原因と主張するのは、無意味かつ無責任である。意味のない原因に惑わされることのないように気をつけたい。

　三木清曰く、「知識は実践においてその真理性を証する」。因果関係の究極の証明は、実験になる。因果関係を知りたいのは、対策によって、より良い結果を得るためである。因果関係は、それに基づいて行動し、結果が出てこそ意味がある。行動しなければ、因果関係の有無は、我々と関わりがない。観察で因果関係がわかったと思うだけでは、単に、知的好奇心を満たしたに過ぎない。相関と因果の混乱した議論に終止符を打つためには、因果関係を、実験という行動に結びつけねばならない。

9-2-6. 実験しない限り因果関係は仮説

　相関関係に有意性があり、時間の前後と交絡因子の排除の確信も得られるなら、因果関係があると考えることは妥当だが、実験しない限り、因果関係は、最後まで仮説である。相関関係のデータをいくら分析しても、仮説の真偽の結論は出ない。因果関係を検証する手法として因果推論があるが、これで因果関係が証明されるわけではない。因果推論は、

因果関係の仮説を立てるのには役立つが、それを証明するのは実験である。

　男女共同参画社会の実現、女性の活躍促進に絡めて、「女性管理職の比率が高い会社は業績が良い」という調査報告がある。この相関関係が事実としても、言えることは、「女性管理職の比率が高い会社を選べば業績が良い会社を選べる」というだけである。「女性管理職を増やせば業績が良くなる」という因果関係の証明にはならない。それが証明されるのは、実際に女性管理職を増やして業績が良くなったと確認できたときである。

　人工知能が膨大な楽曲を分析したところ、ヒット曲には、ある特徴があり、新曲が、その特徴を持っているかどうかで、ヒットするかどうか予測できるという。しかし、ヒットを予測できることと、ヒットさせることは別である。ヒット曲の特徴を盛り込んだ曲を作ればヒットさせられると、まだ、断定はできない。これがいえるようになるのは、その特徴を盛り込んだ曲を作ってみてヒットすることがわかったときである。

　法的問題等で因果関係の証明が必要な場合、実験なしの議論は、因果の証明ではなく、コンセンサスを得るための手続きにほかならない。観察された相関から因果の有無を論じ合っても、解釈の違いが浮き彫りになるだけで、因果関係が証明されることはない。このことを互いにわかっていれば、無駄な議論をしなくて済む。

　命に関わるような問題で、対策の是非を問うなら、不毛な議論で時間をつぶすより、早く対策、すなわち実験に移ったほうがよい。対策の効果が証明されるのを待っていて、手遅れになるくらいなら、仮説でも対策すべきである。因果関係の可能性があるなら、証明される前に対策するというのはあってよい。CO_2排出規制も、禁煙キャンペーンも、そのような対策（実験）の一環ということであれば理解できる。

最近、ビッグデータが注目されているが、そのほとんどは非実験データである。選別判断あるいは予測判断には有効だが、因果判断すなわち因果関係を議論するなら、そのデータ構造の十分な吟味が必要である。実験データでない限り、発見した相関関係に基づく因果関係の主張は、仮説にとどめるべきである。あるビッグデータから、例えば、東京だけ、男性だけ、20代だけというように、データを切り分けていけば、偶然、どこかで相関関係が見つかる。データを選別すれば、相関の有意性を上げられる。そうやって見つけた相関関係から直ちに因果関係を主張するのは乱暴である。

　逆に、ビッグデータの分析で相関関係がないとわかっても、因果関係がないとは限らない。例えば、多くの人の運動時間と体重を調べても相関関係はないであろう。しかし、実験で、食事量を一定にして運動時間を長くすれば、体重は減少する。すなわち、運動時間と体重には因果関係がある。相関関係の有無だけから、因果関係を論ずることはできない。

9-2-7. 因果関係が証明されるときは実験の形

　実験できない事象でも、因果関係が証明されるときは、最後は、実験の形になる。CO_2と地球温暖化の因果関係は、実験で証明することは不可能である。しかし、今、CO_2の排出を抑えるという取り組みが世界中で進められている。これは地球レベルでの壮大な社会実験である。この社会実験で温暖化が止まれば、その時こそ、CO_2が原因であると証明されたことになる。すなわち、因果関係が証明されるときは、実験の形になる。

　タバコと肺がんに相関関係があることは、様々な疫学的調査から確実

9. 仕事の OS について

になってきている。「タバコを吸っていれば肺がんになる可能性が高くなる」という予測判断は確かであろう。しかし、この相関関係の統計的有意性がいくら高くなっても、「タバコを吸わせれば肺がんになる可能性が高くなる」という因果関係の証明にはならない。この証明には、タバコを吸わせて肺がんになるか確かめる実験が必要だが、これは不可能である。

　そこで、例えば、禁煙キャンペーンによって、タバコを意識的に止める人が増えて、肺がんの発症率が下がったことが確かめられたとする。これは、禁煙キャンペーンという社会実験で、タバコを止めれば肺がんになる可能性が低くなるという実験結果が出たということである。やはり、実験の形で因果関係が証明されることになる。

　アスベストと違い、タバコは嗜好品である。アスベスト工場で働くことは、個人の生理学的特性や生活習慣とは無関係だが、喫煙は、そうとは言い切れない。肺がんになり易い体質、生活習慣の人がアスベスト工場で働くようになるとは考えられないが、そのような人がタバコを好むという可能性は、否定できない。そうなると、タバコが先で肺がんが後という時間の前後がなくなり、生理学的特性あるいは生活習慣といった交絡因子が存在する可能性を排除できなくなる。これが、タバコと肺がんの相関関係から因果関係を主張するときの弱点である。受動喫煙と肺がんの相関関係からなら、まだ説得力があるが、いずれにしろ、結論は、社会実験の結果を待つしかない。なお、ここで言いたいことは、タバコが原因と証明されてないというだけで、原因ではないと言っているわけではないので、誤解のないように願いたい。

9-2-8. 因果関係とプロセス関係

　原因、すなわち、対策できる要因と結果の関係が因果関係であるから、ネズミの例では、「掃除が不十分＝対策できる要因」と「ネズミがいる＝結果」には、因果関係がある。一方、鋼材が高い、鉄鉱石が不足……等は、因果のプロセスに現れるが、対策できない要因である。対策できない要因と結果の関係は、因果関係ではなく、プロセス関係と言うべきで、一般的には、メカニズムといわれる。これは、単に、現象が起きる順番を示すだけである。

　ある気圧配置が要因で大雨が降るとき、気圧配置に対策することはできないから、気圧配置と大雨の関係は、因果関係ではなくプロセス関係である。「ある気圧配置にすれば大雨が降る」などという因果判断はできない。「ある気圧配置になれば大雨が降る」という予測判断ができるだけである。気圧配置は、原因ではなく、対策できない要因である。

　我々は、雷様が大雨の要因といわれても納得しないが、気圧配置が要因といわれると納得する。プロセス関係すなわちメカニズムがわかると、なんとなく安心する。しかし、気圧配置が要因とわかっても、我々が置かれている状況は、雷様が要因である場合となんら変わらない。気圧配置も雷様も、どちらも対策できない要因であることは同じである。

　自然現象のような人間がコントロール（対策）できない事象について、原因や因果関係という言葉を使うのは自由だが、コントロールでき

9. 仕事の OS について

ない限り、意味がない。暖冬の原因はエルニーニョ現象といわれても、だからどうしたということになる。

プロセス関係は、人間がコントロールできて、初めて、因果関係と呼べるようになる。プロセス関係は、人間の意志と関わりなく存在するが、因果関係は、人間の意志と不可分である。対策できないなら、因果関係があると言うべきではない。

9-2-9. メカニズムの研究は予測できるなら意味がある

大雨が降るメカニズムがわかっても、大雨を止めることはできない。しかし、いつ降るかを予測できるから、そのメカニズムの研究は、意味がある。

では、地震の研究はどうか。地震は、地殻の歪エネルギーの解放が要因で起きるといわれるが、地殻の歪みに対策することはできない。研究が進んで、歪みを生ずる新たな要因が見つかっても、やはり対策できるわけでない。よって、地震の研究は、因果関係ではなく、プロセス関係、すなわちメカニズムの追求である。

大雨と同様に、メカニズムを解明することで、予測判断すなわち地震予知が可能になるなら、地震の研究には意味がある。しかし、メカニズムがわかっても、予測ができないなら、地震の要因が、歪みでもナマズでも、本質的な違いはなく、研究に多額の費用をかける価値はない。地震研究の価値は、予測できるかどうかにかかっている。

大事なのは、メカニズムを知ることではなく、予測できることである。予測が目的なら、メカニズムにこだわらず、地震発生の前に起きているあらゆる現象を調べればよい。地盤や地磁気の変化、動物の異常行動等、観測する対象はなんでもかまわない。それらの現象と地震発生と

191

の間に相関関係があるかどうかが重要である。メカニズムがわかろうとわかるまいと、相関関係が見つかるなら予測が可能になる。

9-2-10. 指標、要因、原因を区別する

ある現象と因子に相関関係がある場合、現象を起こさない因子は、指標に過ぎない。現象を起こすなら、要因と呼べる。さらに、人間がコントロールできるなら、原因と呼べる。呼び方は何でもかまわないが、大事なのは、「現象を起こさない因子＝指標」なのか、「現象を起こす因子＝要因」なのか、「コントロールできる要因＝原因」なのかを区別することである。

〈指標、要因、原因の違い〉

〈指標〉 現象を起こさない因子	〈指標〉ビールの売上が増えれば、 〈現象〉熱中症が増える	交絡関係
〈要因〉 現象を起こす因子	〈要因〉気圧が高くなれば、 〈現象〉天気が良くなる	プロセス関係
〈原因〉 人間が操作できる要因	〈原因〉勉強時間を増やせば、 〈現象〉成績が良くなる	因果関係

指標と現象の関係は交絡関係、要因と現象の関係はプロセス関係、原因と現象の関係が因果関係である。原因には対策できるが、指標や要因にはできない。指標や要因は、選別判断や予測判断に使えるということでは意味があるが、因果判断に使えるのは、あくまでも原因である。我々は、相関関係の話を聞くと無意識に因果関係を考えてしまうが、交絡関係やプロセス関係と混同していないか注意が必要である。

9. 仕事の OS について

　雨が降ることと傘が売れることには因果関係があり、降雨は傘の売れ行きの原因といいたくなる。しかし、降雨はコントロールできないから、要因と言うべきで、降雨と傘の売れ行きの関係はプロセス関係である。月による潮の干満も、月が原因で、因果関係といいたくなるが、月はコントロール不可能であるから、要因であり、プロセス関係である。

　ほとんどの自然現象はプロセス関係であるが、要因をコントロールできるという仮定で、原因といいたくなる。しかし、これを意識して止めないと、意味のない因果判断に陥ることになる。無駄な因果の議論を避けるためには、プロセス関係と因果関係を見分け、要因と原因を区別する訓練が必要である。区別のポイントは、コントロールできるか、対策できるかどうかである。対策できない要因に惑わされることのないよう、要因と原因の違いを、敢えて厳密に考えたい。

　なお、指標が要因になることはないが、要因が原因になることはあり得る。要因は、コントロール可能なら、原因になる。雨不足は干ばつの要因だが、もし、人工降雨が可能ということであれば、これを原因と呼べるようになる。

〈指標、要因、原因を見分ける〉

▪ 高級車（指標）を持っている人は、家が大きい ▪ 賞与（指標）が多い会社は、業績が良い	交絡関係
▪ 海水温度（要因）が高い年は、台風が多い ▪ 総需要（要因）が多い年は、販売台数が多い	プロセス関係
▪ 設計技術（原因）が未熟な会社は、リコールが多い ▪ 調達能力（原因）が高い会社は、原価が安い	因果関係

193

9-2-11. QCによる問題解決は因果関係の追求

　原因を追求するというとき、本当に原因を求めているのか（因果関係の追求か）、対策できない要因を探っているのか（プロセス関係の追求か）で、その意味は全く異なる。対策を導くには、因果関係を追求しなければならない。ある現象が起きるメカニズムを研究するという場合、その研究の方向が、因果関係とプロセス関係のどちらを研究しているのか、見極めが必要である。因果と相関、原因と要因の違いを意識することなく因果関係を論ずる研究者の話には、信頼がおけない。

　原発メルトダウンの要因を、設計思想（設計の不備）へ遡るのが因果関係の追求で、津波へ遡るのがプロセス関係の追求である。要因が、設計の不備なら対策可能だが、津波では、対策不可能である。防潮堤を高くするのは、対策ではなく、避難に過ぎない。設計思想を変えない限り、いくら安全審査基準を厳しくしても、いわんや安全姿勢を明記したところで、原発メルトダウンの対策にはならない。ベース電源として原発が必要というなら、既存の原発の再稼動ではなく、設計思想を改めた原発を新設するのが筋である。

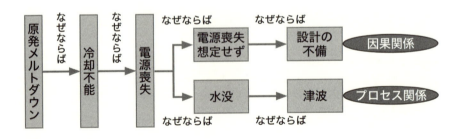

　原因という言葉が出てきたら、それをコントロール（対策）できるか

9. 仕事の OS について

を問うべきである。コントロールできないなら、それ以上考えても無駄である。人間がコントロール不可能な現象について、因果関係を議論しても意味がない。因果関係は、行為的にしか捉えられない。対策できるものとできないもの、変えられるものと変えられないものを峻別することが、問題解決の生産性を高める。

QC による問題解決は、因果関係の追求でなければならない。イチロー語録によると、「自分でコントロールできないことに関心を持たない」とのことだ。コントロールできない要因には、対策できない。首位打者を争うライバルの打率は制御できない。自分のできることに集中する以外に道はないという。まさに QC による問題解決の実践である。

なお、相関と因果について、詳しくは、拙著『信じてはいけない「統計的に正しい」こと』（幻冬舎ルネッサンス）を参照願いたい。

9-3. 報告能力

単に記録として残すだけなら、わざわざ報告書を作るまでもない。メモでも落書きでもかまわない。報告書にまとめるのは、時間の無駄である。会社の中で報告書を作る目的は、同僚、上司、役員の、①合意を得る、②協力を得るためである。ほとんどの場合、報告する相手は、専門家ではなく、自分と同じ知識は持っていない。その人たちに、いかに短時間でわかってもらい、合意と協力を得るかである。財務担当役員に開発の成果を報告し、開発予算の OK をもらうことを想定してほしい。iPS 細胞でノーベル賞を受賞した山中伸弥先生は、国から研究予算をもらうため、役人に、難しいことをわかり易く説明するよう、大変な努力をされたとのことだ。

報告能力とは、相手をその気にさせる能力といえる。重要なのは、い

195

かに短時間で、相手にわからせるか、その気にさせるかである。短時間で「作る」ではなく、「わからせる」である。それが、生産性の向上に直結するからである。わからない資料を作るということは生産性を落とし会社に損害を与える。全社員に送る通知がわかり難く、社員がそれを理解するのに10分余計に時間を使うとすると、1万人の会社では約1,700時間の工数を無駄にする。これは1人の年間総労働時間に相当する。わかり易くするために時間をかけても十分おつりがくる。

　以前は、問題解決の報告というと、A3判1枚が普通だったが、これは、紙の節約ではない。問題解決の幹（課題の本質的な目的と、その達成状況）を示し、役員等、当該業務を知らない人に、短時間でわからせ、合意と協力を得、意思決定のスピードを上げ、会社の生産性を向上させるためである。

　A3判1枚で役員会議の資料を作った経験のないマネージャーが増えているが、報告能力は、マネージャーになる前に身につけなければならない。マネージャーにその力がないと、部下は、その能力がないまま、またマネージャーになるという悪循環に陥る。その結果、社内には、わからない資料が蔓延し、意思決定が遅れ、生産性を落とすことになる。

　短時間で誤解なくわからせるためのポイントとして、幹、型（パターン）、層別、図化の4つを取り上げた。QC思想・手法と並んで、報告のスキルは重要である。意識して高めてもらいたい。

9-3-1. 幹

　報告では、QCストーリーで幹を示すことが大事である。そのためには、何が幹かを見分けねばならない。簡単に言えば、知らせるべき事と知らせなくてよい事を見分けるということである。役員に、飛行機での

9. 仕事の OS について

出張を案内するとき、知らせるべき事は、飛行機の搭乗便名と出発時刻であり、機長の氏名や客室乗務員の人数など必要ない。

　幹さえ明確なら、どのような複雑な事柄もA3判1枚に書ける。逆に、A3判1枚で報告するには、幹を明確にしないとできない。A3判1枚に書く訓練をすべきである。A3判1枚でというと、細かい字でびっしり書く人がいるが、読めない資料では、意味がない。文字は大きくし、図表は、イメージを掲げるより、別紙にするほうがよい。関心がある人は、詳細を見たくなる。A3判1枚では書き切れないというなら、幹だけ示し、枝の部分は添付資料にして、必要に応じて見てもらえばよい。

　最近は、パワーポイント（パワポ）の資料を何枚も使って報告するのが流行りだが、パワポの資料は、どこが幹なのか、何が重要なのか、読み取るのが難しい。中には、とりあえず言いたいことを全部パワポにしたみたいな報告もある。パワポは幹などお構いなしに作れてしまうから始末が悪い。結局、何を言いたいのか、さっぱりわからないということになる。

　プレゼンというと、パワポでしゃべる能力に目が行くが、より重要なのは、幹を示す能力である。パワポで報告するなら、まずA3判1枚に幹をまとめて、それからパワポを作るべきである。A3判1枚で幹を作れれば、そこからパワポを作ることは容易である。それをやらないと、わけのわからないパワポの報告になる。

　役員会で、幹も枝も一緒の資料を見せられては、役員が気の毒である。幹から枝まで大量のパワポ資料でプレゼンする結果、経営会議が役員勉強会になるようでは、効率化など望むべくもない。自分が知っていることをすべて伝えることが報告ではない。役員全員が知る必要のある内容なのか、考えるべきである。担当者レベルの専門的な内容を説明し

ても、その場限りになるのが落ちで、担当者、役員双方の貴重な時間を無駄にすることになる。役員に求められるのは、経営を左右する戦略レベルの高度な判断である。担当者は、役員が短時間で、その判断ができるような資料を作るべきである。

9-3-2. 型 (パターン)

A3判1枚の報告を定型化することで、報告書を作る工数を削減できる。また、定型化されたストーリーで報告すれば、わかり易く、理解してもらう時間も短縮できる。ここでは、報告パターンと決裁パターンを紹介する。

(1) 報告パターン

報告パターンについては、問題解決以外でもQCストーリーが基本である。QCストーリーを報告に応用すると、例えば次のようになる。

①取り上げた理由：何を報告したいか
②現状把握：どのような状況か
③問題点：何が問題か
④要因解析：どうしたい
⑤対策：どうする
⑥結果：どうなった
⑦標準化：横展開

報告で必要といわれる5W1Hは、ストーリーではなく部品である。部品は現象を示すだけで、これだけではストーリーにはならない。ス

トーリーに求められるのは判断（どうしたい、どうする）で、これが一番重要である。会社における報告は、判断に対する合意と協力を得るのが目的である。5Ｗ1Ｈだけでは子供の使いと言われてしまう。

⑵ 決裁パターン

決裁は、報告に比べ、その目的がより明確であるから、ストーリーもわかり易い。決裁パターンでは、まず、何を決めるのか、決裁事項は何かから始まる。次に、決裁事項に影響すると考えられるパラメータを抽出し、その影響度を見積もる。様々な調査や統計、シミュレーション等、いろいろ工夫する余地はあるが、いずれにしろテクニカルな話である。各パラメータの影響度がわかれば、対策の立案と評価である。各案のメリット、デメリットを整理して対策案を作成し、自分が推奨する順番に評価Ａ、Ｂ、Ｃ……をつける。そして役員の判断に委ねることになる。これらの幹を示すなら、やはりＡ3判1枚で十分である。決裁事項がたくさんあるなら分割して（階層に分けて）資料を作ればよい。

決裁パターンでは、パラメータの抽出が最重要である。決裁事項に影響する事象について、あらゆる角度から検討し、もれなく抽出せねばならない。これには、経験や専門能力、固有技術が求められる。役員が思いつくようなパラメータは、すべて抽出する必要がある。自分が考えなかったパラメータを役員に指摘されたら、その時点で、その決裁資料は終わりである。

例として、採用人数の決裁を掲げる。採用人数に影響するパラメータを、すべて抽出できたかどうかが、最大のポイントである。もし、決裁を求めた時点で、合併計画のような新たなパラメータが出てきたら、当然、この決裁資料はアウトになる。

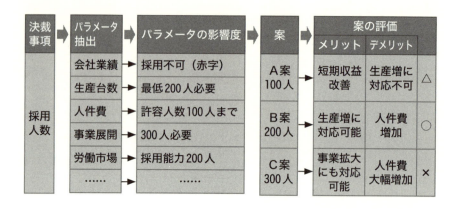

　会社では、毎回、同じような事柄の決裁を求める場合が多い。それぞれの決裁パターンを作っておき、取り巻く環境、条件等が変化したら、それに応じてパラメータを見直していけばよい。パラメータの議論を毎回ゼロから行うのでは時間の無駄である。
　個別案件の決裁も、案件ごとに、決裁をもらうのではなく、先に、案件の決定ルールの決裁を得ておくべきである。個別案件は、ルールの運用であり、特別のことがなければ、個別の決裁は不要で、生産性は大幅に向上する。

　以上のように、標準化、パターン化で、効率は上がるが、そこに潜む罠も忘れないようにしたい。パターン化が進めば進むほど、考えなくても処理できるようになる。だから効率が上がるのだが、そうなった時が危ない。パターンで対応できない大きな変化に気づかず大失敗ということが起こり得る。標準化、パターン化には、このようなリスクがあることも認識した上で取り組んでもらいたい。
　なお、パターンということでは、細かいが、フォントや句読点、文体等についても、気まぐれではなく、統一して、自分の型を持つべきであ

9. 仕事の OS について

る。型を持つことで、報告に関わる生産性は確実に高まる。

9-3-3. 層別

　層別の概念を正しく理解し、実践できることが仕事の能力であるという人もいるくらい、層別は重要である。
　層別には、

　　(1) カテゴリー
　　(2) ランク
　　(3) パラレル
　　(4) 対称性（シンメトリー）
　　(5) 一貫性（コヒーレンス）
　　(6) 有効性（エフィシェンシー）

の6つのキーワードがある。
　カテゴリーを日本語にすると範疇になるが、ランク、パラレルも含めて、日本語より英語をカタカナに表記したほうが、語感のイメージが伝わり易いと思い、敢えてカタカナ表記にした。

(1) カテゴリー

　カテゴリーは、認識の基本的構造といわれる。層別の中でも最重要で、資料を作るときは、カテゴリーを意識し、言葉の概念を統一しなければならない。
　平面図形というカテゴリー（類概念）に合う言葉（種）は、三角形、四角形、六角形である。これに対し、立方体は異なる種であり、平面図

201

形のカテゴリーには入らない。

　工程というカテゴリー（類概念）に合う言葉（種）は、申請、分類、検索である。これらに対して、書類は異なる種で、工程のカテゴリーには入らない。

　研修準備の工程別の工数を調査してヒストグラムを作るとする。研修準備の工程というカテゴリーに合う言葉は、対象者抽出、通知書作成、日程調整、通知書発送である。テキストは、カテゴリーが異なる。カテゴリーを統一するには、例えば、テキスト用意とすべきである。テキストだけでは、何をするのかわからない。カテゴリーが不統一なグラフは、意味不明なだけでなく、作成者の論理的思考能力に疑念を生じ、グラフの信頼性も低下することになる。

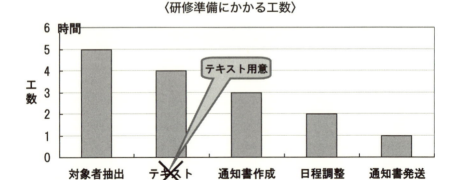

(2) ランク

ランクとは、カテゴリーの大きさ、順番を揃えるということである。粒を揃えるという言い方もある。

趣味は何ですかと聞かれて、旅行、読書、スポーツ、トランプと答えたとする。次に、今年やった趣味は何ですかと聞かれて、旅行に対しては温泉巡り、読書に対しては推理小説、スポーツに対して野球と答えるならランクが合っている。ところがトランプに対して、今年やったのはゲームですと答えるのはランクが合ってない。これでは、わけのわからぬ資料になる。トランプに対してはポーカーと答えるべきである。

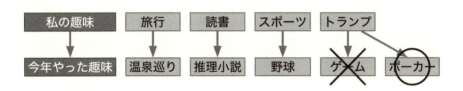

人事制度の説明の中で、賃金制度、評価制度、教育制度のランクは同じだが、賃金水準のランクは、賃金制度の下である。通常、見出しの番号表記のランクは、上から、1．→ 1）→(1)→①の順番になる。よって、賃金水準の見出しは、1．賃金制度の下に、1）賃金水準とすべきである。

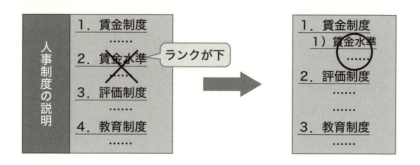

(3) パラレル

　パラレルとはカテゴリーを並列にするということである。

　AさんとBさんの人物紹介をするとき、Aさんについて、①生まれ、②家族、③趣味の順番で紹介したなら、Bさんについても同じ順番で紹介すべきである。順番が不ぞろいだと理解に時間がかかるし、誤りの元にもなる。

　資料を作るときは、なるべく一表にまとめることがベストである。一表にまとめれば、自然とカテゴリーが並列になる。

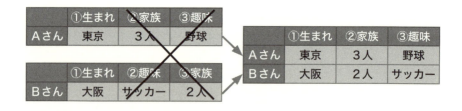

(4) 対称性（シンメトリー）

　シンメトリーとはカテゴリーの対称性を保つということである。

　人物紹介で、Aさんは、①生まれは東京、②家族は扶養3人、③趣味

は野球と言った後、Bさんは、①生まれは阪神病院、②家族は妻一人、子一人、③趣味はスポーツ、と言うのはうまくない。カテゴリーの対称性がなく、わけがわからなくなる。Bさんを紹介するときは、Aさんと対称になるように、①生まれは大阪、②家族は扶養2人、③趣味はサッカーとすべきである。

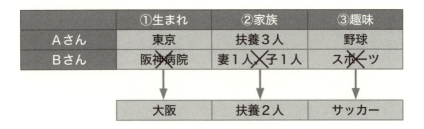

(5) 一貫性（コヒーレンス）

一つは、報告の主旨の一貫性を保つことである。特に、QCストーリーでは、課題名から結果までの幹を一本にしなければならない。

課題名で品質を掲げながら、問題点は工数になり、結果が納期短縮では、幹がばらばらである。いわゆる入口と出口が異なる報告になってしまう。これではわけがわからない。品質に焦点を当てるなら、最後まで、品質という幹を一本に貫き、品質がどうなったかを報告すべきである。

もう一つは、用語の一貫性を保つことである。同じ事柄を別の言い方にするのは、基本的に、止めたほうがよい。一つの言い方に統一すべきである。

　年金制度について説明する場合、一つの資料上で、適格年金、適年、税制適格年金という用語を何の脈略もなく使ってはならない。これらの用語が同じことを意味することを知らない人にとっては、すべて違うものと解釈し混乱を招く。税制適格年金を、適年と略したいなら、税制適格年金（適年）としてから、適年という用語を使うべきである。

　人事制度について説明する場合も、基幹職、非組合員、課長以上という用語をばらばらに使うと、これらが同じことを意味すると知らなければ混乱を招く。相手のレベルに合わせ、ひとりよがりにならない資料を作るべきである。

(6) 有効性（エフィシェンシー）

　有効性とは、有効数字の概念である。立川から八王子までの距離を、Aさん、Bさん、Cさんが手分けして測るとする。

　Aさんが立川—日野間をノギス、Bさんが日野—豊田間を定規、Cさんが豊田—八王子間を巻尺で測った。それぞれの測定値を合計して立川—八王子間が9,947m51cm8mmとなった。この測定の精度は、Aさん（ノギス）、Bさん（定規）がどんなにがんばっても、Cさんの巻尺の精度1mより良くはならない。

　有効数字を意識するのと同様に、仕事においては有効性を意識すべき

9. 仕事の OS について

である。あるプロジェクトの費用を見積もるとき、その見積もり精度は、いちばん大きな費用で決まってくる。それを小さな費用について時間をかけて細かく見積もるのは無駄である。

　有効性を意識しないと無駄な仕事をすることになる。自分がノギスを使えても、他が巻尺なら、ノギスを使うべきでない。可能だからというだけで無駄な仕事をしないようにしたい。

〈3人で分担して、立川から八王子までの距離を測定〉

| Aさん（ノギス：有効数字 1 mm）：立川 ― 日野　→ 3,318,168 mm |
| Bさん（定規　：有効数字 1 cm）：日野 ― 豊田　→　231,435 cm |
| Cさん（巻尺　：有効数字 1 m）：豊田 ― 八王子 →　　4,315 m |

合計

| 立川 ― 八王子 → 9,947 m 51 cm 8 mm |

| Aさん（ノギス）、Bさん（定規）が努力しても、Cさん（巻尺）の精度より良くはならない |

　以上、層別について解説したが、層別の力とは、カテゴリー、ランク等の切り口で、文書に違和感を持てるかどうかである。わかり易い報告書を作るために、そのセンスを磨いてほしい。

9-3-4. 図化

　短時間でわからせる最後の鍵である。それには、なるべく文字を読ませない、読まなくてもわかるようにすることである。文章よりは箇条書き、箇条書きよりは表、表よりはグラフ、グラフよりはマンガである。例は、賃金制度の説明である。うまく作れば、マンガが一番わかり易く、記憶に残る。

ただし、これは原則で、実際には、相手のレベルに合わせた使い分けが必要である。お客へのプレゼンなら、マンガだが、社内で議論するなら、直ぐに数値を読み取れる表やグラフのほうがよい。仕事をわかっている人には、マンガでは、かえって煩わしく、資料のスペースも、もったいない。ケースバイケースで考えてもらいたい。

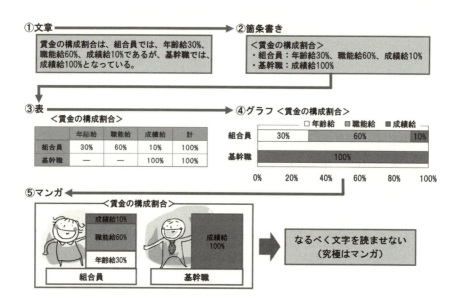

9-3-5.「わからせる」とは「その気にさせる」こと

　報告において、「わからせる」とは、相手を自分のレベルに引き上げる、すなわち勉強させることではない。一番詳しく知っている自分のレベルまで相手を引き上げるのは、どだい無理であり、その必要もない。「わからせる」とは「その気にさせる」ことである。初めて説明を聞く同僚、上司、役員を、早く、合意、協力する気にさせることである。そ

9. 仕事の OS について

のためには、相手が、資料の橋から落ちないように、うまく渡らせることが重要である。途中の石は取り除き、渡り易くすべきである。なまじ専門に詳しい人が資料を作ると、正確に説明しようとして専門用語や細かな内容を入れがちで、それが躓きの元になる。

マンガで人物の顔の特徴を大げさに表現してわかり易くする手法をデフォルメという。自分の判断に自信があるなら、報告もデフォルメすべきである。幹とはデフォルメである。本当にわかっていないとデフォルメはできない。

また、相手は、報告によって担当者がどこまでわかっているかを判断する。因果や層別の概念が未熟だと、担当者の論理的思考能力や資料の信頼性に疑念を生じ、理解するどころではなくなる。特に役員は、自分がわかるよりも、担当者がわかっているかどうかを知りたい。担当者がわかっていると判断できれば、安心できる。心して資料を作るべきである。

9-4. 意思決定のスピードアップを目指せ

間接部門の生産性が低い要因の大半は意思決定の遅さにある。経営のスピードは、意思決定、判断のスピードで決まる。そのスピードが上がれば、生産性は格段に向上する。意思決定のスピードアップに向けて、組織のあり方、決裁のあり方等を見直していくべきである。

9-4-1. 意思決定のスピードアップに必要なこと

中堅職そして管理職になったら、意思決定のスピードを上げ、企画、運営、予算等の決裁を短期間で完了させることに注力すべきである。そ

のために必要なことは、問題についての共通認識と判断の標準化である。

(1) 問題についての共通認識を持つ

何が問題かの共通認識がないと、問題解決の議論は、収拾がつかなくなる。このとき、全員が、生産性を判断基準にした問題の捉え方をするならば、問題は共通になり、原因も絞り込まれ、意思決定のスピードは上がる。経営目線で議論することが大事である。

その際、問題を、時間軸と空間軸で整理してみるとよい。時間軸とは、過去からの推移をみること、空間軸とは、他と比較してみることである。これにより、問題のポジションが明確になり、共通認識を得易くなる。

(2) 判断を標準化する

判断の標準化とは、検討、評価、決裁等の様々な判断に必要なパラメータを明らかにしておくことである。家賃を決めるときは、部屋の大きさ、駅からの距離、築年数等がパラメータとなる。状況が変化したら、新たな基準として、耐震性等を追加すればよい。これらのパラメータを毎回ゼロから探していては時間がかかってしまう。判断の標準化を進めれば、決裁のための工数、納期を大幅に削減できる。特に、経営計画や予算等の定例的な決裁の場合には、その効果は大きい。

標準化で大事なことは、単にパラメータを示すだけでなく、なぜそれを採用するのかという「考え方」を明確にしておくことである。状況が変化したとき、そのパラメータが有効か、別のパラメータを追加すべきかの判断が容易になる。

9．仕事の OS について

9-4-2. パラメータの絞り込みがリーダーの能力

　問題解決において、パラメータが多ければ多いほど、選択肢が増え、対策案の検討に時間がかかる。このとき、初めに、リーダーが大きな方向性を示せば、パラメータが絞り込まれ、担当者の負担は減り、意思決定も早くなる。リーダーにはパラメータを絞り込む能力が求められる。

　リーダーの能力が高ければ、生産性は格段に向上する。パラメータを選別し短時間で最適解に導くのが優秀なリーダーである。そのためには、リーダー自身が勉強しなければならない。自分の判断に自信がなく、担当者にお任せでは、リーダーは務まらない。即断即決を求められる戦場のような極限状況を考えれば、リーダーの能力が運命を分けるのは明らかである。

9-4-3. 正解のない問題はリーダーが決断すべき

　意思決定が必要な問題の中には、正解のない問題がある。言い換えると、選択肢が無数にある問題である。何が正しいかではなく、選択の問題、いわゆる政策の問題である。このような問題について、いくら時間をかけて議論しても正解は見つからない。

　議論の前に、正解があるのかを考えるべきである。宝くじで、どの番号を買うかという議論に時間をかけても、当たり易くなる、すなわち正解に近づくわけではない。正解がない問題について議論するのは時間の無駄である。議論すべき問題と決断すべき問題を峻別しなければならない。

　正解のない問題については、決める立場にいる人間が決断すべきである。リーダーがどこまで決断できるかで生産性は大幅に違ってくる。日

211

本の防衛費は GDP の1％となっているが、これは1976年に、当時の三木武夫首相が決めた。数字の良し悪しに議論はあるだろうが、これによって日本の生産性が格段に向上したことは確かである。もし、官僚が防衛費をいくらにするか案を作るとしたら、事務局が毎年、膨大な工数を使うことになったであろう。そうやって決めたところで、正解があるわけではない。1％と決めたことで余計な工数が不要になった。防衛費の総枠の議論より、無駄なく予算を使うための議論のほうが、はるかに重要である。

　会社の中にも、このような問題は多い。目標作りにエネルギーを使って、その達成が疎かになっては本末転倒である。目標や計画は、その実現にこそ、力を注ぐべきである。

おわりに

　企業が存続できるかどうかは、生産性を高め続けられるかどうかにかかっている。社員は、改善で生産性を向上させ、付加価値を増やせる人材でなければならない。そのような社員ならば、何人いても、原理的には、労務費は問題にならない。いくらリソーセスを議論しても、適正人員の正解が見つかるわけではない。労務費を抑えるために制度をいじったところで高がしれている。労務費対策に時間をかけるより、生産性を高めるための仕組みや制度作りに知恵を出すべきである。賃金を半分にすることはできないが、生産性なら2倍にも3倍にもすることが可能である。たくさんの人を雇用し、さらに拡大し続けることができる企業こそ、真のエクセレントカンパニーである。雇用こそ企業の社会貢献の最たるものである。人を減らしての生産性向上は、人事の理念と相容れない。あくまでも改善による生産性向上を目指すべきである。

　福祉、社会保障等の非生産部門にパイを分配するためにも、生産性を徹底的に追求する企業の存在は欠かせない。生活物資に不自由しない今日、経済成長の意義は、雇用創出と資金循環に求められる。成長せずとも、非生産部門に分配されるならよいが、残念ながら、人のモラルは、まだその域に達していない。分配のための成長を必要としている。生産性向上ができる立場にある者は、できない者のために、生産性を高め、パイを増やすべきで、それが不条理の克服を前進させることになる。

　三木清によれば、近代の人間の理想像は、企業家であるという。企業家のパトスは、困難を乗り越え付加価値を生み出す原動力である。これなしには、如何なる偉大な事業も成就しない。企業家は、ハードワークを厭わない。その企業家が、不条理の克服という志に目覚め、ハード

ワークを創造的苦痛(注1)に変えたとき、理想像は完成する。

　生産性の向上は、最終的には、個人のメンタリティーに帰着する。ヨーロッパ生産性本部ローマ会議報告書「生産性運動の目的と計画」の理念を理解し実践できる人材をどれだけ育てられるかが、企業と国の将来を左右する。QC思想の定着は人材育成のメインテーマであり、そのミッションを担うのは、品質管理担当部署ではなく、人事部である。人事部には、その覚悟で人材育成に取り組んでもらいたい。

(注1)　創造的苦痛（市井三郎の言葉）
　　　例えば、ビル・ゲイツのハードワークは、膨大な富を生むと共に、そのIT技術によって、身障者の能力発揮（不条理の克服）に大きく貢献している。

巻末資料

- 「QCストーリー」（A3判1枚）のひな形
- 「QCストーリー」　回答例1
- 「QCストーリー」　回答例2
- 「QCストーリー」　回答例3
- 「QCストーリー」　回答例4
- 「問題解決報告のチェックポイント」のひな形
- 「課題に取り組む前の確認」のひな形
- 「問題解決能力の評価表」のひな形

（発生型）　　**課題名：**

1．取り上げた理由	4．要因解析
2．現状把握	
	5．対策
	6．結果
3．問題点	
	7．標準化

（開発型）　　**課題名：**

1．取り上げた理由	4．手段案出
2．現状把握	
	5．対策
	6．結果
3．目標	
	7．標準化

（発生型）　　　　　　　　　タイの売れ残りの削減

1. 取り上げた理由

- 私は、サンマ、タイ、イワシの、仕入れと販売を担当している
- 売れ残った魚は廃棄しなければならず、収益が悪化している
- 売れ残りを減らすことで、収益を向上させたい

2. 現状把握

図1：利益
（15/4～15/9の合計）

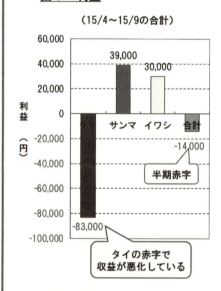

半期赤字 -14,000
タイの赤字で収益が悪化している

図2：売れ残り数
（15/4～15/9の月平均）

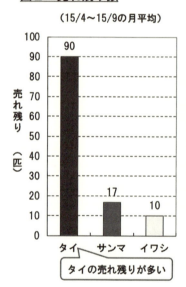

タイの売れ残りが多い

3. 問題点

- タイが売れ残ることで収益が悪化

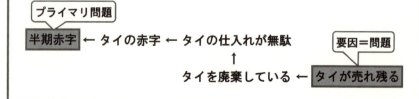

プライマリ問題
半期赤字 ← タイの赤字 ← タイの仕入れが無駄
　　　　　　　　　　　　　↑
　　　　　　　　タイを廃棄している ← タイが売れ残る　要因＝問題

による収益の向上　　　　　　　　（回答例１）

4．要因解析

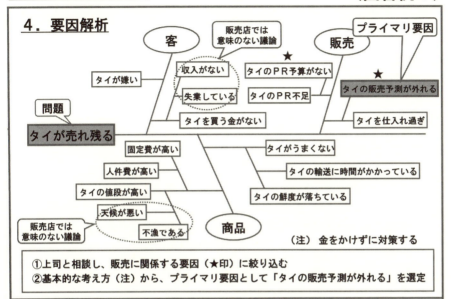

① 上司と相談し、販売に関係する要因（★印）に絞り込む
② 基本的な考え方（注）から、プライマリ要因として「タイの販売予測が外れる」を選定

5．対策

● タイの販売予測の精度を上げる

（実施内容）
豊田魚店の予測手法を導入

6．結果

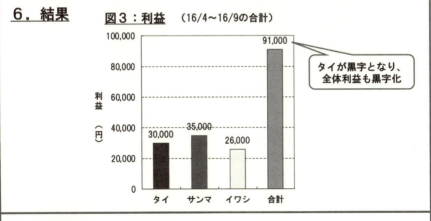

図3：利益　（16/4～16/9の合計）

タイが黒字となり、全体利益も黒字化

7．標準化

（1）豊田魚店方式の予測手法をマニュアル化
（2）新人担当者に予測手法を教育

（発生型）　　　　　　　　　　　　　　　　タイの廃棄の削減

1．取り上げた理由

- 私は、サンマ、タイ、イワシの、仕入れと販売を担当している
- 売れ残った魚は廃棄しなければならず、収益が悪化している
- 売れ残りを減らすことで、収益を向上させたい

2．現状把握

図1：利益
（15/4～15/9の合計）

利益（円）
- タイ：-83,000
- サンマ：39,000
- イワシ：30,000
- 合計：-14,000　半期赤字

タイの赤字で収益が悪化している

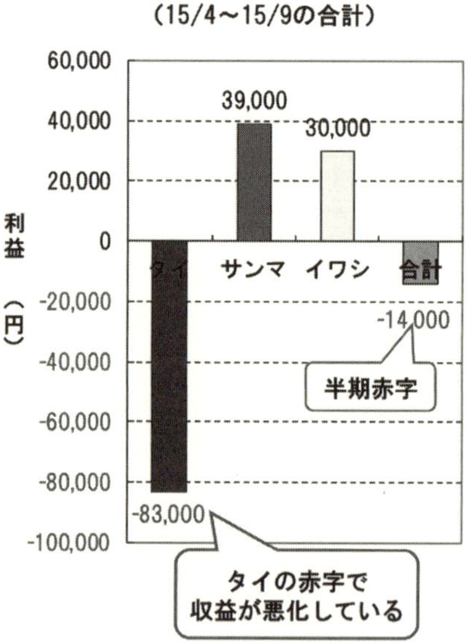

図2：廃棄数
（15/4～15/9の月平均）

廃棄（匹）
- タイ：90
- サンマ：17
- イワシ：10

タイの廃棄が多い

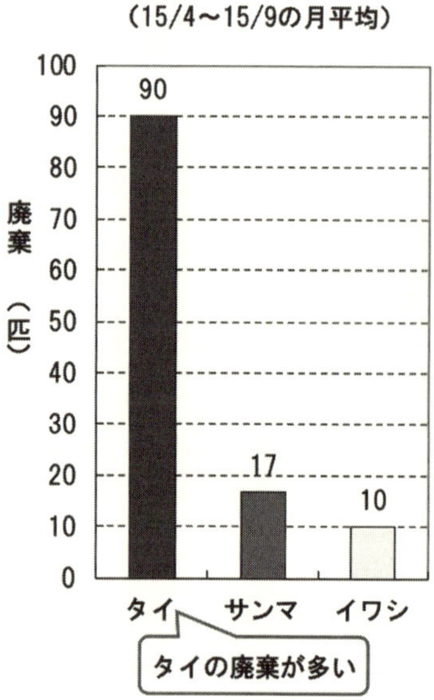

3．問題点

- タイを廃棄していることで収益が悪化

プライマリ問題　　　　　　　　　　　　　　　　要因→問題

半期赤字 ← タイの赤字 ← タイの仕入れが無駄 ← タイを廃棄している

による収益の向上　　　　　　　　　　　　　　（回答例２）

４．要因解析

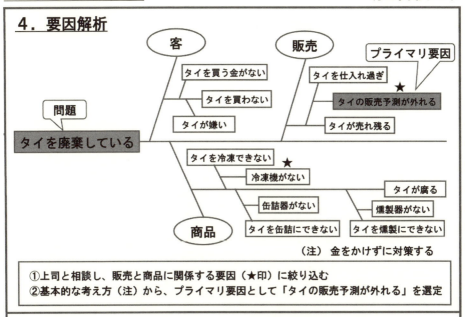

① 上司と相談し、販売と商品に関係する要因（★印）に絞り込む
② 基本的な考え方（注）から、プライマリ要因として「タイの販売予測が外れる」を選定

５．対策

● タイの販売予測の精度を上げる

（実施内容）
豊田魚店の予測手法を導入

６．結果

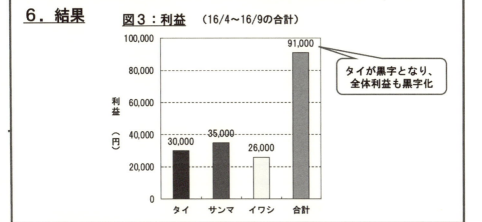

図３：利益　（16/4～16/9の合計）

タイが黒字となり、全体利益も黒字化

７．標準化

（１）豊田魚店方式の予測手法をマニュアル化
（２）新人担当者に予測手法を教育

（開発型） 売れ残った魚の再商品化

1. 取り上げた理由
- 私は、サンマ、タイ、イワシの、仕入れと販売を担当している
- 売れ残った魚は廃棄しなければならず、収益が悪化している
- 売れ残りを減らすことで、収益を向上させたい

2. 現状把握

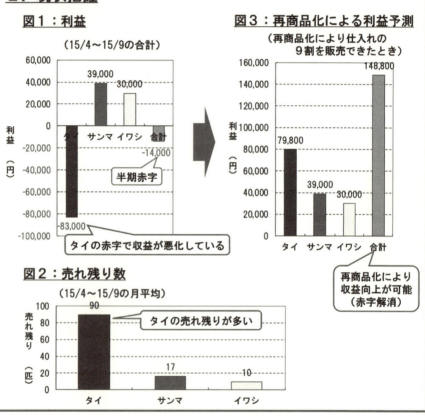

図1：利益（15/4～15/9の合計）
- サンマ：39,000
- イワシ：30,000
- 合計：-14,000（半期赤字）
- タイ：-83,000
- タイの赤字で収益が悪化している

図2：売れ残り数（15/4～15/9の月平均）
- タイ：90
- サンマ：17
- イワシ：10
- タイの売れ残りが多い

図3：再商品化による利益予測（再商品化により仕入れの9割を販売できたとき）
- タイ：79,800
- サンマ：39,000
- イワシ：30,000
- 合計：148,800
- 再商品化により収益向上が可能（赤字解消）

3. 目標
- 売れ残りを再商品化することで収益を向上

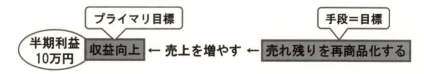

半期利益10万円 ← 収益向上（プライマリ目標） ← 売上を増やす ← 売れ残りを再商品化する（手段＝目標）

による収益の向上　　　　　　　　　　　（回答例３）

４．手段案出

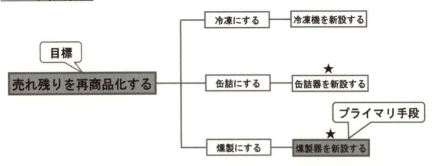

① 上司と相談し、設置場所の関係で、★印の手段に絞り込む
② 基本的な考え方（注）から、プライマリ手段として「燻製器新設」を選定

５．対策

● 燻製器を新設する　　（実施内容）
　　　　　　　　　　　豊田魚店と同型の燻製器を新設

６．結果　図４：利益　（16/4～16/9の合計）

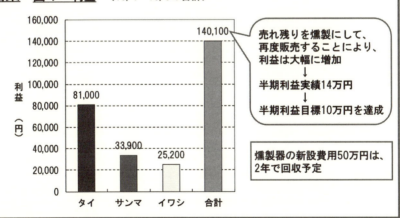

売れ残りを燻製にして、再度販売することにより、利益は大幅に増加
↓
半期利益実績14万円
↓
半期利益目標10万円を達成

燻製器の新設費用50万円は、2年で回収予定

７．標準化

（１）燻製器の使用方法をマニュアル化
（２）新人担当者に使用方法を教育

（開発型）　販売予測の精度向上

1．取り上げた理由
- 私は、サンマ、タイ、イワシの、仕入れと販売を担当している
- 売れ残った魚は廃棄しなければならず、収益が悪化している
- 売れ残りを減らすことで、収益を向上させたい

2．現状把握

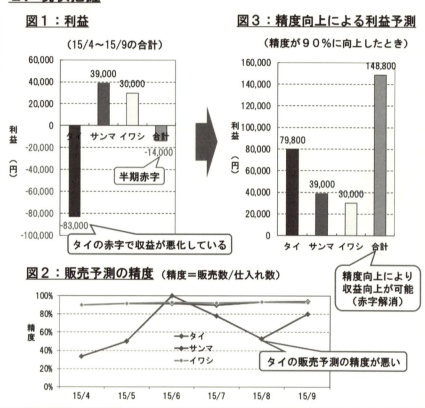

図1：利益 （15/4～15/9の合計）
- タイ: -83,000
- サンマ: 39,000
- イワシ: 30,000
- 合計: -14,000（半期赤字）

タイの赤字で収益が悪化している

図3：精度向上による利益予測 （精度が90％に向上したとき）
- タイ: 79,800
- サンマ: 39,000
- イワシ: 30,000
- 合計: 148,800

精度向上により収益向上が可能（赤字解消）

図2：販売予測の精度 （精度＝販売数/仕入れ数）

タイの販売予測の精度が悪い

3．目標
- 販売予測の精度を向上することで収益を向上

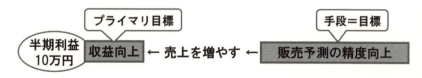

半期利益10万円 ← 収益向上（プライマリ目標） ← 売上を増やす ← 販売予測の精度向上（手段＝目標）

による収益の向上　　　　　　　　　　　　　　（回答例４）

４．手段案出

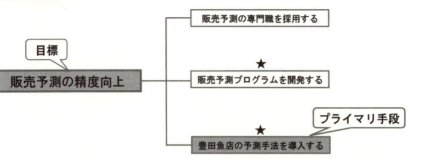

（注）金をかけずに対策する

①上司と相談し、人員増を避けるため、★印の手段に絞り込む
②基本的な考え方（注）から、プライマリ手段として「豊田魚店の予測手法を導入する」を選定

５．対策

●豊田魚店の予測手法を導入する

６．結果　図４：利益　（16/4～16/9の合計）

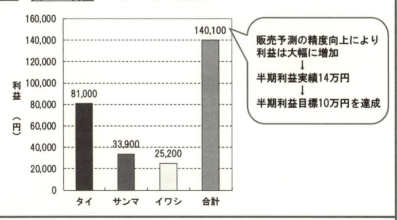

販売予測の精度向上により利益は大幅に増加
↓
半期利益実績14万円
↓
半期利益目標10万円を達成

７．標準化

（１）豊田魚店方式の予測手法をマニュアル化
（２）新人担当者に予測手法を教育

問題解決報告のチェックポイント

課題名	

報告項目	チェックポイント	
①課題名	問題解決の目的を示しているか？	判定
	<○の時は良い点、×の時は修正点を記入>	
②現状把握	目的の状態を調べているか？ ・目的が、今どうなのか（発生型） ・目的を、将来どうできるか（開発型）	判定
	<○の時は良い点、×の時は修正点を記入>	
③問題点(発生型) or目標(開発型)	目的で示しているか？	判定
	<○の時は良い点、×の時は修正点を記入>	
④結果	目的がどうなったかを確認しているか？	判定
	<○の時は良い点、×の時は修正点を記入>	
⑤課題のレベル	本人の資格にふさわしいか？	判定

課題に取り組む前の確認

課題名	

確認事項	
①課題名	**何を目的にするか？**
②現状把握	**何を調べるか？** ・目的が、今どうなのか（発生型） ・目的を、将来どうできるか（開発型）
③問題点(発生型) or目標(開発型)	**問題点（問題点）or目標（開発型）を、何にするか？**
④結果	**何を確認するか？**
⑤課題のレベル	**本人の資格にふさわしいか？**

問題解決能力の評価表

評価項目			評価基準	評価ポイント
改善能力の評価	QC思想・手法の理解度	課題名	問題解決の目的が、生産性の向上であることが明確である	40
			問題解決の目的が、生産性の向上であることのコンセンサスがある	
		取り上げた理由	課題に取り組む必要性がわかる	20
		現状把握	目的が、今どうなのか、将来どうできるかを、定量的に調べている	30
		問題点or目標	問題点or目標を、生産性に関わる言葉で表している	30
		要因解析or手段案出	対策と結果の因果関係を調べている	20
		対策・結果	問題点or目標がどうなったかを定量的に調べている	40
			改善(問題点を解消or目標を達成)したことがわかる	
		標準化	仕組化できている	10
			横展開できている	
		表現	層別の意味を理解し、実践している	10
			表、グラフ等をうまく使い、わかり易く報告している	
	問題(目標)のレベル	課題の発見	独自にプライマリ問題(目標)を導き自分の課題とした	100
			上位方針からプライマリ問題(目標)を導き自分の課題とした	100
			上位方針のプライマリ問題(目標)をレベルアップし自分の課題とした	100
			上位方針のプライマリ問題(目標)を自分の課題とした	50
			上位方針の作業課題を自分の課題とした	0
		改善の難易度	因果関係が極めて複雑で、対策も極めて困難	100
			因果関係がかなり複雑で、対策もかなり困難	50
			因果関係が複雑で、対策は困難	20
			因果関係が多少複雑で、対策はやや困難	10
			因果関係が単純で、対策は比較的容易	5
	実践のレベル	組織への働きかけ	全機能、部署に働きかけ、合意と協力を得た	60
			複数機能に働きかけ、合意と協力を得た	40
			複数部に働きかけ、合意と協力を得た	20
			部内の協力を得た	10
			室内の協力を得た	5
		マネージャーとしての働き	改善を指導、マネジメントし、成果に極めて大きく貢献した	60
			改善を指導、マネジメントし、成果に貢献した	40
			推進状況を把握、フォローし、アドバイスした	20
			推進状況を把握、フォローした	10
			推進状況を把握した	5
		実務者としての働き	極めて高度な専門知識・技術を必要とする対策を、自力で実施	80
			高度な専門知識・技術を必要とする対策を、自力で実施	50
			専門的な知識・技術を必要とする対策を、自力で実施	30
			やや専門的な知識・技術を必要とする対策を、自力で実施	10
			一般的な知識・技術で可能な対策を、自力で実施	5
	会社業績への貢献度		会社業績(収益向上)に極めて大きく貢献した	100
			会社業績(収益向上)に大きく貢献した	50
			会社業績(収益向上)に貢献した	30
			今後、会社業績(収益向上)に大きく貢献すると思われる	10
			会社業績(収益向上)に多少貢献したor貢献すると思われる	5
専門能力の評価			業界を代表する知識、技術レベル	300
			社を代表する知識、技術レベル	200
			部を代表する知識、技術レベル	100
			部で必要とされる知識、技術レベル	50
			室、グループで必要とされる知識、技術レベル	10

満点　1,000

市毛　嘉彦（いちげ　よしひこ）

1952年神奈川県横浜市生まれ。東京都多摩市在住。1979年
電気通信大学大学院修了後、日野自動車株式会社に入社。
開発部門（実験部）、労働組合専従、関連事業部を経て、
現在は人事部主査。著書に『信じてはいけない「統計的に
正しい」こと』（幻冬舎ルネッサンス）がある。

ホワイトカラーの生産性向上
金賞を取るためのQCから仕事で使うためのQCへの転回

2017年12月1日　初版第1刷発行

著　者　市毛嘉彦
発行者　中田典昭
発行所　東京図書出版
発売元　株式会社 リフレ出版
　　　　〒113-0021　東京都文京区本駒込 3-10-4
　　　　電話 (03)3823-9171　FAX 0120-41-8080
印　刷　株式会社 ブレイン

© Yoshihiko Ichige
ISBN978-4-86641-089-0 C0034
Printed in Japan 2017
落丁・乱丁はお取替えいたします。

ご意見、ご感想をお寄せ下さい。

［宛先］〒113-0021　東京都文京区本駒込 3-10-4
　　　　東京図書出版